做爆品牌

—— 小成本做大品牌的思维与方法

著名策划家　何学林/著

经济管理出版社

ECONOMY & MANAGEMENT PUBLISHING HOUSE

图书在版编目（CIP）数据

做爆品牌：小成本做大品牌的思维与方法/何学林著. —北京：经济管理出版社，2018.6
ISBN 978-7-5096-5755-3

Ⅰ.①做…　Ⅱ.①何…　Ⅲ.①品牌—企业管理—研究—中国　Ⅳ.①F273.2

中国版本图书馆 CIP 数据核字（2018）第 082755 号

策划编辑：勇　生
责任编辑：勇　生　王　聪
责任印制：司东翔
责任校对：陈　颖

出版发行：经济管理出版社
　　　　　（北京市海淀区北蜂窝 8 号中雅大厦 A 座 11 层　100038）
网　　址：www. E-mp. com. cn
电　　话：（010）51915602
印　　刷：三河市延风印装有限公司
经　　销：新华书店
开　　本：720mm×1000mm/16
印　　张：16
字　　数：190 千字
版　　次：2018 年 10 月第 1 版　2018 年 10 月第 1 次印刷
书　　号：ISBN 978-7-5096-5755-3
定　　价：58.00 元

Introduction

前　言

寻找增强中国经济增长的强大内生动力

2015 年 5 月，习近平总书记在河南考察时指出："推动中国制造向中国创造转变，中国速度向中国质量转变，中国产品向中国品牌转变。"习近平总书记的讲话切中了我国当前经济与企业发展的要害，点出了民族自主品牌的核心价值，为中国经济与企业发展指明正确的方向。所以，中国要以品牌为核心整合各种经济要素，推动"中国制造"向"中国创造"转变，"中国速度"向"中国质量"转变，"中国产品"向"中国品牌"转变。

国务院总理李克强在 2016 年 8 月 24 日主持召开国务院常务会议指出："要强化品牌建设，提高中国消费品知名度和美誉度"。国务院办公厅《关于发挥品牌引领作用推动供需结构升级的意见》（国办发〔2016〕44 号）指出：培育若干具有国际影响力的品牌评价理论研究机构和品牌评价机构，开展品牌基础理论、价值评价、发展指数等研究，提高品牌研究水平，发布客观公正的品牌价值评价结果以及品牌发展指数，逐步提高公信力。全社会尤其是企业，应该增强质量、品牌和营销意识，强化品牌建设，更好发挥品牌引领作用，提高企业竞争力，满足居民消费升级需求，扩大国内消费需求，为经济发展提供持续动力。

1. 要么成为名牌，要么为名牌打工

我国经济增速下行压力从需求侧上主要表现为投资乏力。制造业投资增速继续受产能过剩抑制，房地产投资在去库存压力下增长放缓，而用于对冲制造业和房地产投资下滑的基础设施投资由于受投资回报率和地方融资能力制约，难以持续维持高增长态势。

要使中国经济保持平稳快速增长，依赖出口增长显然已不现实，只有依靠内需增长的拉动才是最可靠的推动中国经济平稳快速增长的内在动力和可行之路。

中国制造的产品虽然已经遍布全世界，但是，中国并不是一个品牌大国，中国的世界品牌廖若晨星。2016年全球最具价值品牌500强，美国以247席几乎占据了一半，中国只有15个品牌进百强，在上榜的中国品牌中，中国移动名列第九，排名最高，中国工商银行、中国建设银行、中国农业银行也进入前20名，民营企业只有华为和百度。2016年《世界品牌500强》排行榜于2016年12月26日在美国纽约揭晓，中国入选的品牌共有36个，其中入围百强的品牌有国家电网、中国工商银行、腾讯、CCTV、海尔、中国移动、华为、联想。

中国是世界第一大出口国，世界品牌大多是中国制造的，世界各国商场里的产品半数以上是中国制造的，但是鲜有中国的品牌。中国出口的商品中90%是贴牌产品，拥有自主品牌的不足10%。而一个世界第一强国，必然是世界500强企业最多的国家，必然是世界品牌最多的国家！

品牌是一种无形资产，全球市场各个行业各个领域的竞争越来越表现为品牌竞争。从"中国制造"的世界影响力来看，我国企业具备了产量优势，500 种主要工业品中有 220 多种产量位居全球第一。在我国出口的商品中，90％以上是贴牌产品，能为众多世界级品牌做代工说明我国产品也具备了一定的品质优势。然而，依靠资源、资金和廉价劳动力所带来的产量优势并未改变我国产品在全球产业链底部的局面，其关键原因就是我们缺乏品牌竞争力优势。

上升到国家层面上来讲，打造品牌的价值和意义在于同样的消耗可以有更高的售价，从而实现更大的国民生产总值，这是中国一跃成为世界经济强国的必由之路。这才是真正能够大幅度拉动中国经济增长的引擎。

从"中国创造"到"中国品牌"是中国经济转型升级的必由之路，也是实现中国梦的必由之路。这并不是否定创造、否定科学和技术创新的重要性，而是在针对现实提出一个解决方案：科学的发展和技术的创新转化为现实的生产力，一是需要很长的时间，远水解不了近渴；二是需要先期进行庞大的研发费用的投入，投不起；三是即使是这样，有了科技创新的产品，如果没有品牌，仍然避免不了低价贱卖的命运而使企业入不敷出，难以为继；四是通过科技创新直线赶超美国遥遥无期，并且差距还会越拉越大。所以应该采取先创造品牌赚钱而后反哺技术创新的战略，打造品牌则相对来讲比较容易，而且人人都可以学会。打造品牌的过程其实是企业赚钱、赚大钱的过程，中国经济和中国的企业应该先通过打造品牌赚钱、赚大钱，然后再用赚来的钱进行研发投资，搞科技创新，当然，在打造品牌的同时，有条件可以去加大研发投入，搞科技创新，进行技术创新更好。采取扩张的发展战略，拉动内需，促进投资，从而保持国民经济持续快速增长。利用庞大的正在贬值的外汇储备趁机收购世界品牌、世界500强企业、世界矿产和房地产。

随着移动互联网的迅猛发展,"互联网+"的全面推广,中国的企业品牌意识增强,为中国品牌带来快速发展的绝佳机遇。移动互联网本身的变革和我们"互联网+"的推进所形成的融合效应,不仅酝酿了更大的创新空间,也为实现中国梦和中华民族的伟大复兴提供了发展的机遇。

2. 寻找促进中国经济增长更为强大的内生动力

有幸和巧合的是,早在20世纪90年代,何学林就曾策划世界寻梦圆(详见2002年1月由浙江人民出版社出版的《十年一剑——何学林的大策划》和2003年2月由中国社会科学出版社出版的《世界寻梦圆大策划》)。

北京申奥刚获成功之际,何学林又在第一时间策划了奥运圆梦圆(详见2002年1月由浙江人民出版社出版的《十年一剑——何学林的大策划》和2007年5月由新华出版社出版的《策划中国城市》)。在奥运圆梦圆大策划中,何学林指出,奥运之梦其实就是强国之梦。何学林是将奥运圆梦圆大策划上升到中华民族追寻强国之梦的高度来进行策划的。

策划的灵魂是创意,而创意的价值则是其超前性,何学林在十几年前做出了世界寻梦圆大策划和奥运圆梦圆大策划。实现中国梦,需要集全党全国人民的智慧和力量,作为当代中国策划业开创者和职业策划家的何学林,以"学林策划,智利天下"为抱负,集自己的全部智慧和力量为实现中国梦来出谋划策。有世界寻梦圆和奥运圆梦圆大策划的基础在先,相信一定能够为中国梦的实现出谋划策、尽绵薄之力。

新型城镇化的国家战略是促进中国经济未来 10 年高速增长的最强大的内生动力，因为城镇化是中国未来 10 年最大的内需。新型城镇化是实现中国梦的有力保证。

但是，新型城镇化怎么搞？同样需要具体的大策划。中国现有的城市问题不少：千城一面，产业同构，主题缺失，特色危机，交通拥堵，房价太高，环境恶化，上学难、就业难、就医难等。如果新型城镇化继续走过去的老路，在现有的城市里大兴土木，"开膛破肚"，让亿万农民继续拥进城市的话，就会进一步加剧交通拥堵，推高房价，恶化城市生活和工作环境，进一步加剧上学、就医、就业等压力，引发各种社会问题，可能导致城市功能的瘫痪。因此，城镇化也是一篇大文章，也需要大策划。至今还未走出阴影的这场世界性的金融危机就是由美国房地产的次贷危机引发的，前车之鉴，不可不察。

一方面，新型城镇化是拉动中国经济增长的强大内生动力，是实现中国梦的有力保障；另一方面，如果沿用过去的老路，新型城镇化又具有极大的风险性。因此，笔者认为，一方面，我们要对新型城镇化进行精心的大策划，将负面的风险因素降到最低限度，将正面的积极作用发挥到极致；另一方面，我们还要为中国梦的实现寻找第二条道路——风险更小的道路。"两条腿走路"，中国梦更容易实现。寻找这第二条道路，是本书的目的；而对新型城镇化进行精心的大策划，则是笔者另一本书的目的。两者的目的都是实现中国梦。

有幸的是，早在 1996 年何学林就在特区进入后特区时代、政策性效应释放殆尽、需要进行战略转型和升级之时给珠海经济特区进行了城市主题定位与整体大策划，并在实践中创立了"城市主题定位与整体大策划"的城市策划方法论体系，运用这套策划方法论体系，何学林有志于将中国的每一个城市，每一个县，每一个省、直辖市、自治区系统地策划梳理一遍，这叫策划中国。

直到今天，中国的城市策划还停留在点子式或局部式的策划层面，还远未上升到主题定位和整体大策划的高度。因此，何学林创立于 1996 年并在后来大量的城市策划、县域和区域经济策划、旅游景点景区策划过程中不断得以完善的"城市主题定位与整体大策划"的策划方法论体系，对今天新型城镇化的策划仍然具有方法论的战略指导意义。

为中国梦所做的大策划依据的是何学林 20 多年来为中国企业所做的策划实践和理论研究，并结合世界品牌的成功经验和笔者策划世界梦、中国梦、强国梦的经验。

最后需要着重说明的是：《品牌战争——为破解中国梦难题而作》、《新型城镇化与中国城市整体大策划》两大策划完全体现了党的十八大报告中所提出的"美丽中国"、"生态文明"、"环境保护"、"资源节约"、"产业转型升级"、"打造中国经济的升级版"、"科学发展"、"重要战略机遇期"等主张和要求，实施这两大策划，完全可以使这些长期以来得不到实现的主张和要求得以实现，并从根本上解决房价过高的问题、交通拥堵的问题、食品安全的问题、环境污染的问题、千城一面的问题、产业同构的问题、主题缺失的问题、特色危机的问题等城市"病"，从而实现全面小康和幸福生活。

"国家兴亡，匹夫有责"，实现中国梦，需要大策划，需要集全党和全国人民的智慧和力量。作为胸怀"学林策划，智利天下"的民间智囊和职业策划家，何学林一直在为此而努力，并还将继续为此而竭尽全力！

Contents
目　录

第一章

从产品向品牌转变

第一节
企业为什么处于微利甚至亏损状态

中国制造业长期以来一直处于微利甚至亏损状态。例如，2014 年有 260 家制造业企业跻身中国企业 500 强，营业收入合计 23 万亿元，但净利润总计仅为 4623 亿元。同年度中国 17 家国有银行的营业收入合计为 55200 亿元，净利润却高达 12300 亿元！

1. 国外技术剥削

中国市场的高端电子、电脑和数码产品市场几乎被美国、日本、欧洲和韩国垄断。白花花的银子滚滚流入世界科技列强囊中。中国国内的各类家电品牌，核心器件大多来自国外。汽车、电脑等人们普遍认为的高利润产业，几乎全都面临国外技术的剥削。中国企业以世界上最廉价的劳动力，消耗着大量的能源，承受着巨大的污染；而掌握核心技术的外国人，只需签署一纸技术合同，就可以抽走中国企业一大半的血汗钱！

"血淋淋的国外技术剥削"丝毫不夸张，早在十几年前，不少经济学者就为这些现象痛心疾首：中国出口一台售价 79 美元的国产 MP3，国外要拿走 45 美元的专利费，制造成本要 32.5 美元，中国企业获得的纯利润只有 1.5 美元；中国出口一台 DVD 卖价是 32 美元，而交给外国人的专利费是 18 美元，制造成本是 13 美元，中国企业只能赚取 1 美元的利润……

2. 传统产业企业盈利能力低下

说中国 GDP 含金量一直处于低水平状态，并非指中国没有非常赚钱的企业和公司。众所周知，中国各大国有银行也是世界同行业中最赚钱的——2016 年，中国有 110 家企业跻身《财富》世界 500 强，其中，沃尔玛位列第一，国家电网、中国石油和中国石化分别位列前四。然后是中国工商银行、中国建设银行、中国银行、中国农业银行、中国国家发展银行、中国交通银行、中国移动、中国电信等特大国企位列前 50 强，也是非常赚钱的。

而问题的要害也恰在于此：在全球经济一体化程度越来越高、经贸大战成为一场没有期限的无硝烟世界大战的条件下，国家与国家的竞争，很大程度上成了跨国公司与跨国公司之争。所以，一个国家能否在激烈的国际市场竞争中取胜，拥有多少综合实力强大、居于全球产业链上游、具有强大抗风险能力的跨国公司，是一个最为关键的因素。

与上榜的美国企业相比，中国企业的盈利能力还不强。上榜美国公司平均营业收入 632 亿美元，平均利润达到 51 亿美元，远远高于上榜中国企业。在上榜的中国传统产业里的企业盈利能力低下特别明显，有 6 家金属行业企业包括有色金属和钢铁企业，它们总计亏损 21 亿美元。有 6 家汽车制造企业共盈利 114 亿美元，但不及美国两家汽车企业 171 亿美元的利润，其中原因在于现代企业的竞争已经上升到全球价值链的竞争，两家美国企业具有整合与影响全球价值链的能力，而中国 6 家公司缺乏这个能力。

苹果首次进入前 10 位，是前 10 位中唯一实现营收正增长的企业，比排名第二的国家电网、第三的中国石油天然气集团公司、第四的中国石油化工集团公司 3 家中国公司的利润总和高出很多。

再以美国石油企业埃克森美孚为例，它排在中石油之后名列 2016 年《财富》世界 500 强第六位，但利润是位列第三的中石油的 2 倍还多。

3. 没有品牌，没有定价权

没有品牌，我们就没有定价权，就掌握不了销售渠道和终端，就只能任人宰割和盘剥。即使全世界都已经离不开中国制造的产品也一样，因为消费者购买商品时认的是牌子，而品牌是人家的，主动权掌握在人家手里。为什么我们那么辛苦，赚的钱还是那么少？为什么我们那么多企业不赚钱？一个共同的原因是外国品牌对我们的剥削。企业没有品牌，就只有低价贱卖，结果是企业不赚钱，员工也赚不到钱，钱都让外国品牌赚走了！这是使我们的国家财富被外国资本掠夺、人民被剥削的根源。

按照我们那么辛苦工作的付出来说，其实我们得到的报酬应该比现在多 10 倍才对。我们以东莞的玩具为例，众所周知，东莞的玩具的利润率太低了，我们总认为，像玩具这样的传统行业的利润率是很低的，高科技才会有高利润率，殊不知，同样是玩具，美国的玩具公司的毛利率 2007 年超过 40%，和芯片是一样的。为什么呢？因为它是品牌，它不做制造，却掌控了我们玩具销售的定价权，我们的销售价格它说了算，所以它就给我们一个玩具 0.1 元的利润，而它们一个玩具赚 3.6 美元，终端价格也是它说了算，因为品牌是它的，它可以定很高的价格，这就是为什么它的工人一年可以赚 4 万美元，而我们的工人一年只能赚

2000 美元的原因。所以就算我们辛辛苦苦每天从早忙到晚，但是它们拥有品牌，拥有定价权，它们可以席卷大部分的利润，把我们剥削光。这还没完，如果原材料是国产的，它通过控制你的产品的售价，间接地控制了你的原材料价格，迫使你的原材料也只能低价贱卖，而如果原材料也是它提供的，那么它就会指定品牌，指定标准，规定价格，由它卖给你，而且往往是高价格。

接下来还以玩具工厂为例加以说明，生产玩具要买塑胶粒，塑胶粒是什么？是化工产品，这种化工产品必须用它指定的品牌，价格又是它控制的。所以你买原材料的时候又发现你没有定价权，价格又控制在别人手里，我们的制造业刚好卡在中间，购买原材料的时候呢？价格是外国品牌控制的，卖出去的时候呢？价格又是其他外国品牌控制的。说得再直白点，购买原材料是原材料品牌控制我们的价格，销售是产品品牌控制我们的价格，前有狼后有虎，这就是为什么我们会被剥削得干干净净的原因。外国品牌把利润都给你卡死了，给你算计死了，逼迫你只能通过压低工资、污染环境、破坏生态、老板自己也拼死拼活地干才能生存！所以，"老板累，老板泪"反映了中国老板的共同心声，引起了强烈的共鸣，只是人们并不知道"老板累，老板泪"的原因竟然是外国品牌对我们的剥削！

第二节
用品牌引领创造，加快自主品牌创造

世界品牌实验室《2015 年世界品牌 500 强》评选结果：《2015 年世界品牌 500 强排行榜揭晓》显示，从品牌数量的国家分布看，美国拥有 228 席，占比 45.6%，我国有 31 个品牌入选，占比 6.2%，相对于 13 亿人口大国和世界第二大经济体来说，我们显然还属于"产品大国、品牌小国"。

我国有 200 多种工业产品产量居世界第一，但中国制造的产品中，真正拥有核心专利技术、拥有自主知识产权的比重很低，"MADE IN CHINA"往往被视作缺少技术含量的廉价品。

模仿已没有前途，"贴牌"生产难有丰厚回报，走别人的路只能永远跟在别人后面。要避免受制于人，必须让自主创新尤其是创造自主品牌成为转变经济发展方式的核心内容。

创新不能只停留在技术层面，创新要落脚到创造品牌上，创新也包括创意，而创意是品牌的基础，创新就要创牌。商海航行，品牌为帆。先进的技术，优良的质量，科学的营销，造就优秀的品牌。而创品牌恰恰是最关键的。技术创新程度如何，决定了一个产品的性能高低、质量好坏，而品牌却决定了一个产品在激烈竞争的市场中能走多远。不加快品牌创造，我们就会在"贴牌"中越陷越深，自主品牌就难以成长，品牌大国就遥遥无期。

　　创新就是创造，创造引领制造，而品牌引领创造。制造什么，怎样制造，都离不开技术创新，都要服从于品牌创造。一项重要发明可以培育新的需求，可以催生新的产业；一项核心技术可以救活众多企业，可以改变整个世界。但如果没有品牌，则仍将低价贱卖，所有这一切都将成为空谈。没有自主品牌和创新的制造，是缺少智慧的制造，拼的是汗水；没有自主品牌和创新的制造，是价值微薄的制造，拼的是廉价劳动力；没有自主品牌和创新的制造，是受制于人的制造，拼的是资源和市场。不加快自主品牌创造，不从制造大国走向品牌大国，我们就会在全球产业链的价值低端长期徘徊，辛勤的劳动就不会化成滚滚的财富。

1. 打造自主品牌，才能实现高价、高利润

　　竞价、贱卖会导致企业出现亏损，结局将会更加悲惨。利用低价抢占市场，短期收效明显，但长期来看，降价侵蚀了利润，销量增加而利润不增反降。企业无资金投入到新产品开发，不能实现产品的快速更新换代，不能吸引优秀人才加盟、品牌推广等，不能提供优质的售后服务，不能赢得顾客满意，不能给客户良好的体验，最后势必危及企业未来的生存和发展。

　　比如，一块瑞士劳力士手表卖 500 美元，在中国制造的一模一样的手表只能卖 5 美元，价格相差 100 倍。也就是说用同样的资源消耗，在瑞士生产的手表是在中国加工生产的手表的产值即 GDP 的 100 倍。如果中国也要达到 500 美元的产值即 GDP 就要消耗掉相当于瑞士 100 倍的资源。

　　全球每 3 件出口服装中就有一件是中国制造的，但如果你到欧美国

家转一圈，却很难找到一件中国名牌服装，所以，中国制造要用8亿条裤子才能换回人家一架飞机！8亿条裤子，这是多么巨大的原材料消耗！多么巨大的能源消耗！多么巨大的环境污染和生态破坏！多么巨大的劳动力消耗！但获得的GDP却只相当于人家一架飞机！这样获得的GDP不仅代价巨大，而且利润低微，即剩余价值少得可怜。

由于缺少品牌，占据全球市场份额30%的中国领带，利润不及世界的5%。低价在市场上通常只是扮演"矮、穷、挫"的角色，在对抗性竞争中，低价没有利润的支撑，不可能有良好的售后服务和不断的创新，最终总是难敌高价。

由于缺少品牌，产量占全球80%的中国手表，平均出口价格为1.3美元，而瑞士手表的平均出口价格却高达329美元。价格较高的商品市场销量最好，市场表现也最活跃，销售也最持久。销量最差的商品价格往往最低，也许能活跃一时，但不持久。

营销大师科特勒说："你不是通过价格出售产品，而是出售价格。"由于没有自主品牌，我们一火车皮的阀门拉出去也就卖100万元，而品牌阀门2个就能卖100万元。中国出口的袜子最初卖6美元一打，伴随着无休止的"价格战"，跌至0.99美元一打，折合人民币平均每双仅0.66元。

20世纪90年代中期，温州有3000多家大大小小的打火机工厂，年产20亿只，全球产量第一。从2003年前后开始，随着国内原材料和劳动成本轮番上涨，温州打火机工厂的压力越来越大，行业平均利润率跌到2%的可怜水平，大量工厂倒闭转产，3000多家企业缩水至100余家，在这些年里，温州人对打火机产业技术更新换代与进步的贡献几乎为零。

由于缺少品牌，一方面，我们的产品因为没有品牌而只能低价贱卖，挣的是可怜的血汗钱；另一方面，我们又要用可怜的血汗钱去国内外买我们中国人自己生产的、价格高得离谱的、国内价格比国外价格还高得离谱的外国品牌的产品，中国人宝贵的血汗钱都被外国品牌赚走了。据说，中国奢侈品消费已占全球市场的25%，还有机构报告说，中国已经成为全球最大的奢侈品市场。据《国家健康报告》数据显示，中国有超过60%的财富被洋品牌赚走了。2015年国庆节黄金周一周，约有40万名中国大陆游客前往日本旅游，消费额达53亿元人民币，中国人以一种另类的方式"踏平东京"，这就是中国没有品牌的悲哀。

一个产品，从它的创造到最后的销售，附加值呈"高—低—高"，人称"微笑曲线"。发达国家更多地在两端占据优势，而中国则身处中间。在这样一个位置上，不仅拿不到高额利润，而且外界一旦有风吹草动，总是最先被挤压，中国大量廉价劳动力成为代工企业拼命压缩成本的受害者。加快自主品牌建设和创新，提升产品技术含量和品牌附加值，才能提升中国在世界产业链中的位置，才能增加企业利润和社会财富，为改善民生提供雄厚的物质基础，才能让民众更多地分享财富，更好地改善民生。

2. 打造自主品牌，实施"竞优"战略

公司在经济竞争中获取竞争优势的办法，大致有两种：一种是加大经济活动中的科技、教育投入，在增加雇员福利的情况下，提高经济活动的生产率；另一种是相反的办法，以盘剥雇员的各种劳动保障、人为压低他们的工资、放任自然环境的损害为代价，从而赢得竞争中的价格优势，被形象地称为竞次战略（Race to the Bottom），即打到底线的竞争。

在经济发达和注重人的权力、重视民生的环境里，价格不是主要因素，而产品和服务的质量才是第一位的东西，因此靠低廉价格维持，也就没有财力提供优异的质量和服务。所以，必须实施"竞优"战略，即价格公道、产品和服务的质量优异、善待自己的员工，同时企业不再靠低廉的价格把对手赶尽杀绝，而是靠提供优异的产品与服务、注重创新、与竞争对手和睦相处来谋求发展等。

中国的 GDP 里资源、能源消耗巨大，付出的环境、生态、劳动力代价惨重，利润低微。而世界品牌占全球产品量不到 3%，销售额却占到 50% 左右，因为有品牌，资源、能源消耗甚微，环境、生态、劳动力代价很小，对 GDP 的贡献却巨大，利润十分丰厚。

由于缺少品牌，意味着中国只能做从事繁重劳动的"世界工厂"，让中国企业逐步沦为国外品牌的"加工厂"，巨额利润却被国外品牌获得，而把环境污染、资源消耗、能源浪费等苦果留给了中国。我们挣的是可怜的血汗钱，是卖劳动、卖资源、破坏环境和生态挣的钱，因为我们是在单纯地做生产、做加工、做制造。这种粗放式经营模式消耗了大量资源，造成了环境的污染、生态的破坏。这就是中国成为"世界工厂"以来，为什么我们的产业不能升级、资源浪费、环境污染、生态遭到破坏的根源。

今天的世界已处于过剩经济时代，没有品牌的创造，将无法获得超额利润和剩余价值，仍然无法使一个国家真正富有和强大。经济强国都是创新强国和品牌强国。技术进步对经济增长的贡献度达到 70% 以上，这样的国家是依靠技术进步实现增长，是一个创新型国家。但中国目前只有不到 40% 是依靠技术进步实现的，仍然主要靠资金、资源和人力投入，谈不上依靠品牌。缺少自主创新能力和品牌的发展模式，使我们付出了沉重代价。加快自主品牌创新能力，以使传统产业重新焕发青春，并催生新兴产业，有利于扩大国内需求，改变低价贱卖的出口状况，使经济发展走上良性循环的轨道，也有利于促进外贸转型升级，提高对外开放水平。

第三节
中国经济升级的出路：由"中国创造"向"中国品牌"升级

中国经济转型升级喊了很多年，为什么不能转型，不能升级？一直以来，中国学术界提出的答案是"中国制造"要向"中国创造"转型升级。错！"中国制造"的出路、转型升级应该是"中国品牌"，而不是"中国创造"。因为创造比制造需要更庞大的前期投入，这会大大提高成本，从而产生更高的成本，而如果"中国创造"没有成为"中国品牌"，势必仍然低价贱卖，避免不了成为世界品牌"贴牌"加工厂的命运。一方面是更高的成本投入，另一方面仍然没有品牌从而继续低价贱卖，中国经济的命运难道不是更惨吗？

"中国创造"很好，但是，最关键的是要从"中国创造"向"中国品牌"升级，要创造出"中国品牌"来，而不光是技术创新、产品创造，真正的品牌强国的时代到来了，中国一定要成为品牌大国。因为只有品牌才有溢价，才会有附加值，才能节约资源，保护环境和生态，彻底走出粗放式经营模式，上升为集约化经营。如果"中国品牌"屹立于世界品牌之林，我们就不会去买洋品牌了，资金也就不会外流了。

世界品牌发展的历史和现实告诉我们，世界品牌并不一定需要有多少"创造"的含量，大量世界品牌，如麦当劳、肯德基、可口可乐、百事可乐、LV、劳力士等并没有多少创造的含量，几十年甚至上百年来没有创造、创新，但是仍然受到消费者的钟爱，是因为它们是世界品牌。即使是在高科技领域，如苹果手机畅销全世界，也并不是因为它是创造，而是因为它是世界品牌，苹果手机从零部件到所有的应用软件，到生产加工，没有一样是苹果公司自己创造的。这说明了世界品牌并不都是创造的，只是因为它们是品牌才会得到消费者的青睐。因此，如果中国企业盲目地创造，而没有品牌，有的死得很惨，有的活得很难。因为创造需要研发，需要加大成本，成本更高而没有品牌，价格还是一样低。因为消费者不会为创造买单，只会为品牌买单。

中国改革开放 40 年来，中国经济的转型升级是由粗放式发展向着集约化发展的转型和升级。粗放式的经济增长方式是不可持续的，必须转型升级为集约式增长方式，即不需要通过大量消耗能源和原材料破坏环境和生态，不需要通过消耗大量的廉价劳动力获得经济增长，就能获得巨额财富，这种经济增长的方式，最好的就是打造品牌了。

比如，我们生产一块劳力士手表卖给国外是 5 美元，而国外一块劳力士手表卖给我们是 500 美元！换句话说，消耗同样的资源，我们生产 5 美元的国民生产值，而国外却能生产 500 美元的国民生产值！原因只在于国外有"劳力士"这个世界品牌，而我们只是生产了同样的手表而已。这就是品牌的力量。假如我们要将国民生产值增长到 500 美元，我们必须消耗 100 倍的资源，增加 100 倍的环境污染、生态破坏、劳动力消耗等。这就是有品牌和没品牌的区别。

反过来说，如果我们生产的这块手表就是劳力士，而不是为劳力士"贴牌"生产的，那么我们可以比后者节约 90% 的资源消耗，从而同样可以减少 90% 的环境污染、生态破坏、劳动力等。再假如，我们将劳力士手表委托加工，让别国去生产加工，则我们完全不必消耗原材料资源，只是减少了 5 美元的国民生产值而已。

据新华社旗下的《财经国家周刊》报道，iPhone5 的零件成本只有 1039 元，毛利率高达 409%。

苹果手机零部件价格一点也不高，就算把软件价值和研发费用摊进来，售价仍然企高，而且卖得越来越贵。例如，iPhone4s 出来的时候，iPhone4 就卖贵了，而且果粉趋之若鹜，苹果手机每更新换代一次，大家都是挤破头去购买，甚至想买都买不到，经常处于稀缺和"饥饿"状态，让人们感觉总是供不应求。

与国内众多手机厂商用低价拼"价格战"的销售截然不同，苹果手机注重商品功能、创新设计、用户体验度等，其极致的品质和独特的性能与交互体验赢得了用户，追求创新、人性化的品牌文化与理念也让苹果的产品拥有了一大批忠实的粉丝。快速进行换代改进，工艺品级的外观、高超的性能、流畅的系统征服、打动了用户。苹果还在专卖店内摆放数十台产品供消费者自由进行互动性体验，大量的个性化与无微不至的优质服务，大大增加了其产品的附加值。再加上优质的售后服务以及良好的口碑。虽然苹果的产品价高，且鲜有降价，也不促销，但消费者对其品牌其他方面的热情超越了产品价格本身。

用过苹果手机的人对价格的要求较低，这说明商品价值提高可以降低价格上的争议，强化客户购买的意愿。至于商品成本与定价，没有直接关系，商品的价格取决于消费者心理的价值认同。那些购买苹果手机，甚至购买苹果智能手表的人，会算计其制造成本吗？他们对制造成本毫无兴趣。

为什么我们的一些山寨手机便宜还卖不动？那是因为产品理念够

用就行，能卖就好，产品不能做到极致，不能让用户尖叫，结果只能是买卖关系，形不成强关系。

国人一心想的是通过低价格吸引客户，挤对对手，各商家都在打价格战，做特价，搞活动，希望以此来提高销售业绩，好像不打折就不能提高销售业绩。难道低价位产品一定会卖得很火爆吗？

事实上，价格压下去后，用户也养成低价购买的心理定势，市场价格形成后再想提价就很难再提起来。这种低价竞争是"自杀"式的，是"杀敌一千，自损八百"。

而品牌产品能持续地高价销售，这也说明了人们并不一定偏爱低价，而是偏爱品牌，人们对高价品牌商品存在大量需求，高价畅销也是行得通的，"中国创造"一定要向"中国品牌"升级。

通过品牌建设，推动企业转型升级，提高国际化经营水平，实现由单纯的规模扩张向追求品质升级，推动由价值链低端向高端转变，不仅事关国家的社会发展和经济转型升级，也与加快转变经济发展方式的内在要求是一致的。

第四节
经济增长的最好方式是走品牌强国之路

打造品牌，消耗几乎一样的成本，具有更高的附加值和品牌溢价，因而可以卖更高的价格，价格可以一下子提高 10 倍甚至 100 倍！

这样一来，不断地将中国大量产品打造成品牌的过程，GDP 可以保持较高的甚至是很高的增长，而资源、原材料、能源消耗可以锐减，环境污染、生态破坏可以锐减；劳动者工资可以提升，工作时间可以缩短，人民收入可以增长，国家有了钱就可以改善民生，增加人民福利和劳动保障，实行免费医疗、义务教育，提供退休金、养老金、失业救济金，改善交通，治理已被污染的环境和已被破坏的生态，加强国防；各地品牌企业的增加可以大幅度增加地方政府的税收，从而使地方政府不再依赖土地财政，房价自然可以大大降低；中国人可以在自己的国家买到自己的品牌产品，不必再到国外去买外国品牌，出境游不再成为旅游的第一选择，拉动外国内需的资金用于拉动中国内需，又促进了中国经济的增长，人们在国内也不需要买外国品牌产品，从而中国奢侈品消费世界第一的"帽子"又可摘掉了，这些原来在国内买外国品牌的资金买了"中国品牌"，又促进了中国经济（GDP）的增长；我们出口的是"中国品牌"，换回来的是外汇，消耗很少的资源即可获得巨额的外汇，中国的国际地位大大提高，品牌受人尊敬，中国人民在国际上真正受到尊重，人民幸福感增强，出国移民锐减，资金外流锐减；党的十八大提出的"美丽中国"、"生态文明"自然实现，中国经济由粗放型增长方式向着集约型增长方式的转型和升级自然实现，打造中国经济的升级版水到渠成。

第五节
制造大国向品牌大国转变

我国在国际市场分工地位，仍处于全球产业链低端环节，其主要靠加工贸易和"贴牌"的生产方式。我国民族产业制造环节平均获利仅5%，而95%被拥有品牌、设计、营销管理等环节的国外企业获得。中国企业品牌附加值仍处于较低水平，我国的经济增长主要依靠高投入来维系。要想促进我国经济持续健康得到快速发展，真正实现速度、结构、质量和效益统一，就很有必要在大力培育和发展民族自主品牌上下真功夫。

1. 做大做强就必须尽早实现"贴牌"的转型

据国家发改委统计，我国出口的服装，有自己品牌的尚不足10%，大多是"贴牌"生产或来料加工。到东南沿海的一些小城镇看一看，不少企业的"中国制造"实际上是给国外名牌打工，生产能力很强，利润回报不高。

中山大学岭南学院储小平教授曾对浙、粤、苏、鲁、京5省（市）500多家中小出口企业的调查数据表示，有超过80%企业的产品，绝大多数有"贴牌"与"仿制"之嫌，自主品牌在同类产品中具有一定知名度的企业占企业总数的份额不足1%。

中国 30 多年来制造的产品被世界品牌贴着在全世界卖的事实已经证明，就产品的生产和制造而言，与世界品牌已经毫无差别，完全达到了世界品牌的质量标准，只需要学会品牌运作，停止为外国品牌"贴牌"，换上自己的品牌卖到国内外就可以了。而且世界品牌也并非都是有技术创新的，甚至并不都是高质量的，这对中国人来说就更容易做到了。

比如说 LV 包，它是法国人路易·威登（Louis Vuitton）的缩写。据其宣传广告称：路易·威登是皮箱与皮件领域数一数二的品牌，并且是上流社会的一个象征物。那它的品质如何呢？Monogram 系列主要是帆布，再加上一层防水的氯化乙烯（PVC），印上标准图案。这就是 LV包！价格还高得出奇，一个 LV 包从几千元到几十万元，让中国大多数人站到这个包前立刻觉得自己是穷人了，而买一个国产的真皮七匹狼皮包不过才几十元。据古驰老板揭示：LV 的成本还不到 100 元人民币！而我们中国生产的皮包的成本都比它高！LV 为维持其品牌地位，在广告方面的投入一直是毫不吝啬、不遗余力的，请来众多名人、巨星为其代言，麦当娜、肖恩·康纳利、贝利、马拉多纳、齐达内等明星都曾为其代言过，仅麦当娜为其新一季的代言费用就高达 1 千万美元。高昂的广告代言，为 LV 增加巨额的成本，最后还得由消费者买单。

LV 是帆布再加上一层防水的氯化乙烯（PVC），它真的就值那么多钱吗？那是因为它有品牌，那么中国的东西造得那么好，为什么就卖得便宜呢？是因为它没有品牌。

"中国创造"的产品要是没有品牌，还得低价贱卖，而且还得消耗很多的资源。也就是说，如果没有品牌，"中国创造"根本不能解决资源消耗、环境污染、生态破坏等问题。因此，中国经济要想转型升级，只有"中国品牌"才能彻底解决问题，中国经济一定要走品牌之路，品牌强国，实现中国梦。

当然，技术创新不是不要，技术创新需要很大的投入，打造品牌可以为技术创新提供强大的资金支持，同时又能为技术创新增加附加值。所以，在打造品牌的同时倡导技术创新是必要的，但如果没有打造品牌这个目标，单纯地只是技术创新是不现实不可行的，是走入了误区。

"贴牌"现象在我国陶瓷卫浴行业也十分普遍，许多国际知名陶瓷卫浴品牌纷纷选择在国内企业为其"贴牌"加工，据称国外十大卫浴品牌几乎全在国内进行"贴牌"。这一方面说明国内企业在生产工艺技术制造水平方面已经相当成熟，得到了国外品牌的认可；另一方面表明我们除品牌差距外，产品方面已经具备了同国际品牌产品同台竞争的资格。因此，一方面暴露出国内陶瓷卫浴企业的尴尬，同一企业生产的相同产品，贴上不同商标，摇身一变，国外品牌身价倍增，国内品牌依旧"大众价格"；另一方面更表明国内企业若要实现长足的发展目标——做大做强，就必须尽早摆脱"贴牌"的陷阱，实现"贴牌"的转型，打造自主品牌，打造国际品牌，逐步走向与国际品牌相抗衡的舞台。

在中国汽车紧固件领域，由于缺乏自主知识产权特别是品牌，中国市场已成为世界紧固件巨头们的"饕餮大餐"。如今乘用车，引进品牌的汽车占据我国汽车消费市场的80%以上。而这些高档车的知名品牌均在国内生产线上装配，而车上的紧固件竟有60%以上是进口的。据了解，我国出口的普通标准件在国际市场上只卖1200美元/吨，而进口的一些高等级紧固件却要8000~10500美元/吨，相差7~8倍。在引进的汽车车型中，外国投资商出资30%，拥有约50%的股份，却拿走了70%的利润，而中国企业只能拿到30%的利润。这当然与这些紧固件产品的知识产权和品牌归属外方有关，中方只是为其"贴牌"而已。

又如中国泵阀行业，由于没有品牌，一火车皮的阀门拉出去也就卖100万元，而品牌阀门2个就能卖100万元。

然而，看了这么多的"中国制造"，却听不到"中国品牌"。我们所熟知的许多本土品牌，放到国际上去竞争时，往往难听响动。随着中国国际地位的不断上升，缺乏全球性的知名品牌，成为威胁中国强国之梦的绊脚石。

没有强大的世界性品牌，就意味着中国只能做从事繁重劳动的"世界工厂"，巨额利润却被国外品牌、设计师和工程师获得。国人并不擅长经营品牌，而这使得中国生产商在全球化的产业链中总是只占利益最小的一块。这"一块"并没有让中国劳动大军迅速富裕起来，反而因为"利益最小"而让贫富分化更趋恶化。

一个芭比娃娃，在美国市场上的价格约10美元，在中国离岸价格仅为2美元，去掉1美元的管理费、运输费以及0.65美元的来料费，"贴牌"生产毛利只剩下区区0.35美元。而当这些"中国制造"的玩具贴上洋品牌返销中国，立即身价倍增，一个芭比娃娃要卖到100多元。在整个利益链中，中国纺织品制造商只有10%的利润，90%的利润属于品牌拥有者、分销商、零售商等各个环节。品牌缺失，导致中国企业只能处在全球产业链的低端，辛辛苦苦"为他人作嫁衣"。面对当今与未来发展的大环境，我国企业要参与国际市场竞争，取得良好的国际竞争地位，就必须提升自主品牌的创造力，这才是我国企业参与国际市场竞争取胜的关键。

2. "贴牌"会导致品牌缺失、竞争乏力

美国《商业周刊》每年都会评选"全球最有价值的 100 个品牌",但"中国品牌"的身影从未在这里出现过。在"世界品牌 500 强"排行榜中,美国以 247 席几乎占据了其中的一半,而中国却仅仅有 12 个入选。与之形成鲜明对照的是中国世界第一大出口国的地位。

中国仍然只是一个"贴牌"大国,而不是品牌大国。在经济全球化的今天,拥有多少知名品牌已成为衡量一个国家经济实力的重要标志。资料显示,当今世界共有名牌商品约 8.5 万种,其中 90% 以上的名牌归属于工业发达国家和亚太新兴工业国家或地区,这些世界名牌占全球产品量不到 3%,销售额却占到 50% 左右。

中国的货物出口额已稳居世界第一,但所出口的商品中 90% 是"贴牌"产品,拥有自主品牌的不足 10%。2010 年,中国有 54 家企业进入了全球财富 500 强,甚至拥有了全球市值第一的企业,却很难找到几个全球叫得响的品牌。

中国经济的高速增长也有 30 多年了,对比日本的经济起飞,20 世纪 50~80 年代,基本上是国家产业和技术达到了国际先进水平,人民生活大幅度改善,福利和保障步入世界先进国家行列,日本拥有一大批世界品牌。

"贴牌"的尴尬不仅是价格,更是品牌缺失、竞争乏力,远离品牌强国。我国各类进出口企业中拥有自主商标的不到 20%,全国自主品牌出口占出口总量的比重只有可怜的 10%,210 种产量居于世界第一位的产品,大多数是替外国品牌做"贴牌"。这是国产产品品牌缺失的伤痛,更是中国企业推进产业及产品转型、由"贴牌"向自主品牌转变的迫切

需要。

"贴牌",也曾为中国经济的发展,为中国企业的壮大做出过特殊的突出贡献。依靠"贴牌",国内一些企业掘到了"第一桶金",为今后的发展积累了原始资本。但多年的"贴牌"也如慢性毒药一般,侵害了自主品牌建设的健康发展,国内企业犹如"温水之蛙",一时活得逍遥自在,快活滋润。更让中国企业逐步沦为国外品牌的"加工厂",国外品牌赚取了丰厚利润,却把环境污染、资源消耗、能源浪费等苦果留给了国内生产企业。

3. 打造中国品牌已成高层共识、国家战略

粗放式的经济增长方式是有极限的,是不可持续的,因为一个国家的资源是有限的,能源也是有限的,原材料也是有限的,生态环境也是有限的,人民的血汗也是有限的,土地也是有限的。

习近平总书记上任伊始就旗帜鲜明、深谋远虑地提出了意义深远、内涵丰富的中国梦,把国家富强、民族复兴、人民幸福的中国梦作为治国纲领和奋斗目标,把人民幸福作为根本的出发点和立足点,不再把GDP作为政绩指标和干部晋升考核的指标,并主动调低了GDP指标,这就从根源上和根本上扭转了中国社会经济发展的战略和指导思想,有了这种正确的发展战略和指导思想,不惜一切代价和单纯追求GDP增长的一系列错误做法才有可能得到纠正,中国社会经济一系列问题的解决才有可能和希望。

党的十八大报告更是旗帜鲜明地提出了全面深化改革和中国经济必须转型升级的问题,要从粗放型增长方式向集约型增长方式转变,建设美丽中国,促进生态文明,李克强总理更提出要打造中国经济的升级

版。这种战略指导思想为改变过去那种依靠消耗资源和环境的"中国制造"式的经济增长方式提出了要求，从而使得探讨和提出这样的解决方案成为可能。

习近平总书记和夫人彭丽媛出访时穿中式服装和国产品牌的服装，拎国产品牌的包，用中国品牌的手机，习总书记在国内吃庆丰包子，政府公务用车由奥迪改成了红旗。这一切都是在倡导和释放信号：中国人用中国品牌、中国人打造中国品牌。这便是本书的主题"品牌强中国，实现中国梦"，新一届领导班子不仅已经意识到，而且已经身体力行地在倡导了。

习总书记提出"三个转变"的重要指示，即"推动中国制造向中国创造转变、中国速度向中国质量转变、中国产品向中国品牌转变"。这一切都是针对以上问题的极好的综合解决方案，作为一名经济学者和策划专家，笔者不谈政治，专谈经济和策划，以提出经济的对策为己任，为中国经济的转型升级提出解决方案，为实现中国梦从经济上提出解决方案，这才是本人的目的和本书的写作宗旨。

|第二章|
品牌侵略猛于战争

据中国科学院国家健康研究组对外发布的《国家健康报告》第 1 号称，中国每年被外国品牌剥夺抽走的"血汗财富"大致相当于国内生产总值的六成。例如，2011 年中国的 GDP 为 47.3 万亿元，那么，被外国品牌剥夺抽走的财富高达 28.38 万亿元。因为没有自主品牌，中国每年经济增长中创造的财富被外国品牌剥夺抽走的是一个惊人数据。

该报告称，2011 年，美国从全球攫取的霸权红利达 73960.9 亿美元，占全球总量的 96.8%，是攫取霸权红利最多的国家；而中国损失的霸权红利高达 36634 亿美元，占全球霸权红利损失的 47.9%，是霸权红利损失最多的国家。

霸权红利是指霸权国家通过品牌等在全球建立的霸权体系，直接或间接获取的超额垄断利润，本质上具有掠夺性、寄生性、腐朽性等特征。

美国有 52.38% 的 GDP 通过品牌等霸权获得，而中国损失的品牌等霸权红利占 GDP 比例达 51.45%。

美国能够获得如此庞大的品牌等霸权红利，主要是因为其拥有强大的品牌，中国损失如此巨大的霸权红利，主要原因是没有品牌。

第一节
揭穿外国品牌的阴谋

1. 策划品牌侵略

发达国家之所以发达，是因为它们已经经历过了制造业阶段，从而终于明白了靠消耗本国资源和血汗的经济增长是有极限的，终归不是什么好办法，于是它们想到了一个办法，那就是把制造业转移到第三世界如中国这样的资源和血汗丰富的国家来，让这些国家来为它们生产所需的产品，但是国际贸易是讲究等价交换的，那么它们又拿什么来换这些产品呢？如果是拿真金白银或高科技来置换，占不到什么便宜，美元为全世界所认可，它们就拿从印刷厂里印出来的一张张写上财富数字的纸来换我们的产品，然后让这一张张纸上的财富数字代表的财富贬值，结果就轻而易举地达到了掠夺我们财富的目的。但是这种方式毕竟太明显、太露骨了，而且美元的过渡贬值也会导致本国的通货膨胀，影响本国经济和人民生活，所以它们又想出了一个绝妙的主意、一个极好的办法。

发展中国家用宝贵的资源和血汗倾家荡产换来的美元虽然付出了十分惨重的代价，但不管怎么说按道理是可以用来买发达国家的产品的，如果发达国家的产品货真价实地卖给发展中国家占不到什么便宜，能不能用价格虚高十倍、百倍的产品卖给发展中国家？而且最好这产品还是由发展中国家自己生产出来的、发达国家廉价买回来的？做到这一点的绝好办法就是品牌！发达国家想出了一个打造品牌的办法，把中国人生产出来的产品又以十倍、百倍的高价卖给中国人，从而达到掠夺中国人大部分财富的目的！经过这样一个循环，我们可以看得很明白了：发达国家先是用发展中国家最宝贵的资源和血汗来生产产品，然后用其在印刷厂里印刷出来的美元低价买进，并通过发展中国家的政府补贴和发达国家的货币贬值白拿一部分，这还不够，发达国家还通过精心策划的品牌，让发展中国家用低价贱卖获得的并已经不断贬值了的美元货币去买价格超过十倍、百倍的发展中国家自己生产出来的产品，从而达到掠夺发展中国家大部分财富的目的！

简而言之，比如我们中国人卖给美国人一公斤大米获得一美分，然后美国人将这中国米贴上一个美国的品牌叫美国米，再卖给中国人时变成了一美分一粒，相当于美国人用一粒中国米换回了中国人一公斤大米，扣除那一粒米的代价，发达国家实际上是白拿了那一公斤大米中除一粒米以外的部分！

2. 制造品牌恐惧

这么好的掠夺财富的方法它们当然要保守秘密，尤其要对中国等生产产品的发展中国家保守秘密，不然，这些国家怎么会甘于生产制造并廉价贱卖呢？而当这些国家都揭竿而起不愿为发达国家品牌生产制造和低价贱卖之时，发达国家的品牌美梦不就要破灭了吗？所以它们必须保守这一秘密。

而保守秘密的最好方法是制造烟幕弹，传播虚假信息，运用恐吓手段，让中国人患上"品牌恐惧症"。于是，针对中国中小微企业居绝大多数，钱少、亏不起、等不起、嗷嗷待哺的特点，量身定做的打造品牌是要花大资金的，是要花很长时间的，而且是要准备亏本的烟幕弹就被制造出来了，这一招果然很灵，散布谣言，投放中国市场之后，中国人真的被吓住了，他们对此深信不疑，不敢去想打造品牌的事，甘于制造加工，被外国品牌"贴牌"，低价贱卖。它们终于达到了目的，可以长期地、披着合法和受人尊敬的外衣掠夺中国人的财富了。

它们传播这一阴谋论调的具体途径是这样的：首先，它们把这种谬论传播给离它们最近的且有利益关联的人——它们在中国的买办、代理商、中国区域或大中华区的经理高管们，然后再由这些人向在中国先知先觉的意见领袖——那些一知半解的专家学者、广告公司、策划公司、公关公司、咨询公司、培训公司的半仙以及媒体记者，然后，上述三种人共同向中国企业界散布谣言，传播品牌阴谋论，通过口碑、媒体、论坛等多种形式和手段误导公众，而极少数掌握了品牌打造秘密的中国企业家也乐于推波助澜，以讹传讹，成为第四种人，越是将品牌神秘化越有利于提升他们的崇高形象，同时也越有利于保守品牌的秘密，以减少竞争对手，何乐而不为呢？

于是，在中国市场上就出现了这样一种现象：我们经常听到说××品牌在国外已有几十年、上百年的历史了，到中国来投资数亿美元、十数亿美元、数十亿美元开拓中国市场，扬言准备5年、8年、10年内不赚钱，通过它们在中国的"二传手"故意放出烟幕弹，以误导公众，使中国企业患上"品牌恐惧症"。

3. "埋葬" 中国品牌

发达国家品牌又不动声色地将一个个中国的老品牌悄悄收购，然后将其 "雪藏"，直至这些中国品牌无声无息地消亡，被彻底 "埋葬"，好端端的品牌花钱买过来废弃不用，原因只有一个，因为它是中国品牌，目的也只有一个，那就是为了消灭中国品牌。中华牙膏被荷兰联合利华收购，活力 28 被美国美时洁收购，乐百氏被法国达能收购，太太乐鸡精被瑞士雀巢收购，三笑牙膏被美国高露洁收购，中国电池第一品牌南孚被美国吉列收购，小护士被法国欧莱雅收购，佳木斯收割机被美国约翰迪尔收购，雨润被美国高盛收购，哈尔滨啤酒被美国安海斯布希收购，抗生素基地华药集团被荷兰 DSM 收购，中国工程机械行业最大的徐工集团被美国凯雷收购，中国纸业龙头晨鸣纸业集团被美国 CVC 收购，娃哈哈被法国达能收购，华润涂料被美国威士伯收购，福建雪津啤酒被比利时英博啤酒收购，东胜白加黑被德国拜耳医药收购，北京统一石化被英荷壳牌收购，浙江德力西电气被法国施耐德收购，河南双汇被美国高盛收购，浙江苏泊尔被法国 SEB 收购，北京大宝被美国强生收购，西安杨森被美国强生收购，紧急避孕药毓婷属北京紫竹被瑞士诺华收购，太子奶、碧桂园被美国高盛收购，乐凯被美国柯达收购，四川水井坊被英国 Diageo 酒业收购，上海轮胎集团被法国米其林收购，国内最大的洗护发企业丝宝集团旗下的舒蕾、风影、顺爽和美涛四大护发品牌被德国拜尔斯多夫收购，至于飘柔、海飞丝、潘婷、沙宣、汰渍 Tide、碧浪则全是宝洁旗下品牌，华信、海螺、亚泰、山水四大水泥品牌分别被瑞士 Holcim、美国摩根士丹利、爱尔兰 CRH、摩根士丹利合资企业收购……

4. 资本控制中国品牌企业

我国有的行业跨国资本比例过大，被外国品牌掠走财富过多。重工、轻工、商业各个领域，汽车、电子、IT、商贸、饮食、日化等各个行业，外资品牌无不占据主导地位，加之中国企业品牌意识严重缺失，被掠走财富过多就成为必然。其结果必然是，美、欧、日、韩等跨国资本为追逐利润，将资源能源高消耗、污染高排放和劳动密集型的产业转移到中国等发展中国家，使中国变成"生产车间"或"世界工厂"，使得中国成为经济全球化、资本一体化浪潮之下名副其实的"打工仔"。

我国各行各业处于前几名的品牌企业几乎都已经被外资所控制，我国经济的28个主导产业，其中21个被外资控股和外国品牌占领，每个产业前五名全部是外资企业和外资品牌。其中，进出口贸易的55%是外资和外国品牌，轮胎行业的80%是外资和外国品牌，汽车零部件行业的75%是外资和外国品牌，整车品牌的80%和销量的90%是外资，平板电视行业的60%~70%、医院的47%、零售市场的52%、计算机操作系统的95%是外资和外国品牌，Intel的CPU占85%，思科的企业无线网络占60%，高档胶印机占70%~80%，食用油的85%、工程机械行业的50%、高端酒店的30%、水泥行业的30%、快递行业的20%、降压药市场的70%被外资控股和外国品牌占领。保险在中国运作3年占中国市场的10%，外资银行在上海运作3年占中国市场的17%等。

今天活跃在中国市场上的知名互联网企业其幕后老板几乎都是外资。换句话说，中国的品牌要么被外国品牌消灭，要么已经成了外国品牌。就这样在中国市场上形成了世界品牌的品牌垄断。

中国人民的财富就这样被世界品牌掠夺了，品牌秘密的盖子被极力捂着。

民族工业在夹缝中发展，一直难以成为经济发展的主导力量，其利润往往是吃跨国资本和外国品牌的剩饭而已，民族企业被严重挤压，生存空间非常有限，这对我国经济是致命性打击。

我国经济增长方式失调，与我国品牌严重缺失、外国品牌占据主导地位、跨国资本比重过大密切相关。我国出口型比重过大的经济结构很大程度上与跨国资本和外国品牌"贡献"不小有关。在我国出口产值中，外资企业和外国品牌占据了 70%以上。外资企业和外国品牌看中的是中国廉价劳动力和廉价的资源能源成本以及廉价的环境成本。跨国资本运用品牌垄断从中国拿走了高额利润，把污染留在了中国，消耗了中国的廉价资源能源，剥夺了中国的廉价劳动力价值，造成了我国贸易的严重不平衡，经济结构的畸形，酿造出中国国内的通胀。

第二节
外国品牌的产品在国内的售价凭什么比国外高 3~5 倍

品牌阴谋造成的品牌崇拜使得同一外国品牌的产品在国内的售价要比在国外高 3~5 倍!

同一款奥迪 Q7,在加拿大需 8 万加元,约合人民币 46 万元,在美国 6 万多美元,约合人民币也不到 40 万元,该汽车进口到中国后在国内售价却超过 100 万元。

去星巴克喝咖啡,即使花上高于美国 3 倍的价格,也觉得自己花得值。

一双在中国生产的耐克篮球鞋,国内售价高出国外售价 500 多元。

更为严重和恶劣的是,跨国资本和外国品牌对中国市场和消费者出现歧视性的不公平现象。同一外国品牌的产品,而且都是在国内制造的,在国内的售价却要比在国外的售价高 3~4 倍!最少的也要高 30% 以上,考虑到中国人的人均国民收入是欧美发达国家的 1/10,加之福利要比人家差很多,房价要比人家高很多,实际上,同一外国品牌的产品在国内的售价要比在国外高 30~50 倍!这不仅仅是价格歧视,这是明目张胆的掠夺,外国品牌对中国经济的侵略和霸权以及对中国人的侮辱已经到了令人发指的地步,更为可怕的是,外国品牌的霸权还给中国人造成了畸形的消费观念，使中国人对外国品牌的崇拜到了癫狂的地步，不仅土豪们对外国品牌挥金如土，一掷几百万元、上千万元买辆外国品牌的名车，几十万元买个外国品牌的名包，眼睛眨都不眨，甚至一次性可以将几十万元一个包包的品牌商店买断货，使品牌生产商供不应求，甚至工薪阶层，连温饱和生存问题都还没有解决的上班一族，对外国品牌也是顶礼膜拜，为外国品牌巅，为外国品牌狂，可以用一年的全部工资购买一个外国品牌的包，非外国品牌不买，越贵越要买。

下面我们来看看外国品牌是如何进行掠夺的，及其对中国人的歧视和不公平有多普遍和严重。

LV：万元包成本不过 50 元。

意大利奢侈品牌古驰总裁帕特里齐奥·迪马可放话，爆料说路易·威登（LV）帆布包的材料成本是一米 11 欧元。一个包的成本不超过 50 元人民币，但在国内的售价却高达万元。

LV 是帆布再加上一层防水的氯化乙烯（PVC），印上标准图案。这就是 LV 包！价格还高得出奇，一个 LV 包从几千元到几十万元，让中国大多数人站到这个包前立刻就觉得自己是穷人了，而买一个国产的真皮七匹狼皮包不过才几十元。据古驰老板揭示：LV 的成本还不到 100元人民币！而我们中国生产的皮包的成本都比它高！

PRADA：包包成本不超过 100 欧元。

一个在国内售价高达两三万元人民币的 PRADA 包包，成本不超过1000 元，利润率甚至达到 10 倍、20 倍。

GUCCI：万元包成本不超过 90 欧元。

一款在国内售价高达 10000 元人民币的古驰新款皮质包，在欧洲售价大概 700 欧元。其成本构成中，布料约需 50 欧元，加上铆钉、纽扣、拉链等材料，一款皮包总成本价不超过 90 欧元。

北京新光天地古驰（GUCCI）专卖店失窃的一款包引发了一场热议，奢侈品成本与零售价之间的差异再次成为争议的焦点。在八里庄派出所遇到新光天地 GUCCI 店长来报警，一个价值两万多元的包被偷，最后没有立刑事案件，因为进货价只有几百元。

COACH：售价 4500 元的包成本 350 元。

COACH 在中国做，也就 45 美元，一个包 292 元人民币，再加上关税也就 350 元，但在国内却要卖到 4500 元，利润最起码 10 倍。

LEVIS：售价 800 元，成本 80 元。

LEVIS 牛仔裤，在中国生产的成本最多 80~150 元人民币，但其在中国市场上的售价却一般高达 590~890 元。

瑞士名钟表：售价是成本的 10 倍。

瑞士钟表业界有一种默认的说法，普通手表零售价相当于成本价的 5 倍，即标价 2000 瑞士法郎的手表，成本约 400 瑞士法郎；而一些售价更高的名表，成本价很可能仅是售价的 1/10~1/8。某款产量仅为 20 块的限量名表每块售价 28 万瑞士法郎，其成本价不过 3 万瑞士法郎。

此外，其实不少标明"瑞士制造"的名表，表壳、表带等外部零件都是"中国制造"。某知名手表的全钢表带在瑞士生产每条成本要 300~400 瑞士法郎，而从中国采购成本仅 40 瑞士法郎。一些瑞士钟表企业从中国进口零件，已是业内公开的秘密。

进口葡萄酒：每瓶税前均价仅为 6 元，售价近百元、上千元。

某市进口葡萄酒 3665 万升，较上年同期增加 29.3%；价值 4618 万美元，较上年同期增长 66.2%。按每瓶葡萄酒 750 毫升、当前汇率为 6.3371 来算，进口一瓶葡萄酒的价格仅为 6 元。目前，我国进口葡萄酒要收消费税 10%、关税 14%（瓶装）~20%（散装）、增值税 17%，再加上运费等成本，总共不会超过 20 元。在国内市场最低卖到近百元，高者甚至上千元。大酒店 998 元一瓶的"进口红酒"成本也不过 30 元。

业内人士爆料称，许多"原装进口红酒"是在国内分装而成，成本低廉。更有葡萄酒代加工企业表示，只需 10 元就能包装出一瓶"名牌洋酒"。

在一家高档酒水专卖店 540 元一瓶从智利"原装进口"的葡萄酒，酒水批发市场只卖 60 元。

价格倒挂：国内要比国外贵 3~4 倍。

在国外的超市里，便宜的葡萄酒每瓶才 1 欧元多，稍好一点的才能卖到五六欧元，折算起来也就几十元人民币，不知道为什么到了国内超市就变得那么贵了。

在国内购买一台苹果电脑，竟然比国外贵 20% 多。在中国生产加工，中国却比国外贵这么多，实在不公平。

用料并无差别的一杯美式咖啡，被曝在美国约人民币 12 元，而国内要卖 21 元。

据知情人士爆料，德国某品牌进口啤酒运到中国口岸成本价是 2 元人民币一听，但是它的售价在国内一家五星级宾馆可以达到 60 元一听。啤酒、咖啡这类所谓的"奢侈品"内外价差如此之大，实在令人哭笑不得。

其实，奢侈品成本是有计算公式的：原材料 + 加工成本 + 奢侈品牌价值 + 市场公关成本 + 渠道费用 + 关税与政府税率 = 实际销售价格。奢侈品成本里的品牌价值已经成为重要的一项，而原材料和加工成本相对来说比较低。

被国人当作奢侈品的，在国外其实就是普遍的品牌产品。品牌产品在国内外价格倒挂使得中国人纷纷打着"飞的"到国外去采购，这又促进了中国人境外旅游暴涨，使中国成为世界上第一大出国旅游大国，导致更多财富外流，拉动了世界各国的内需。

第一次出国的人尤其是留学生都有类似的经历和感受，生怕国外的东西太贵，从国内带大包大包的行李，装满了日用品，还准备让国内的亲戚朋友往国外寄，刚到国外时什么都不敢买。你想啊，人家是发达的资本主义国家，咱们是发展中国家，人均收入差 10 倍呢！外国的东西可不贵死？咱在国内挣这点钱，哪敢在国外买东西？第一次出国的人，都是这种心理，什么都不敢买。

可是，等真正到了国外，仔细了解国外的物价，才惊讶地发现此前的担心完全是多余的，即便是世界首富的美国的物价，也与此前想象中的情况完全不一样。美国，简直是购物者的天堂，尤其是中国人的购物天堂。在美国，除了以人工工资为主要成本的人工服务（如理发）外，生活用品的价格普遍比中国国内要低，特别是那些在国人眼里"高高在上"的中高档品牌，如阿玛尼、耐克、阿迪、LEVIS 等，在美国的售价居然只是国内价格的 1/3 甚至 1/4。

一条 LEVIS 牛仔裤，在美国的折扣店卖 15.30 美元，按照即时汇率（1 美元折合 6.8267 元人民币）也就一两百元人民币；但同一条裤子，出口转内销，在国内的专卖店至少要卖 700 元。一双耐克运动鞋，在美国售价 32.99 美元（约合人民币 224 元），出口转中国香港回中国内地，身价竟然涨到了 668 元人民币。一套在国内售价 3 万元人民币左右的 Armani 西服，在美国 1000 多美元（约合人民币 7000 元）就能买到。

毕业回国工作的留学生反而不太适应在国内的生活了。没想到国内的东西这么贵，在去过美国之后，觉得到国内的百货大楼买这些国际品牌太不值。

不少去过欧美的人都说，出国前原本没有购物计划，但受当地的低价刺激，也忍不住要买些东西。他们不远万里把商品带回国，回家细看，"Made in China"（中国制造）的商品还不在少数。

在一个卖箱包的商店，几乎每一个从中国去的人都买两个以上的箱子，因为他们要装下刚买的商品。他们一边挑选商品一边惊诧地自言自语："这里的东西怎么会比国内便宜这么多?"让人吃惊的是，竟然还有不少中国人在欧美的商店里购买"中华"牌香烟和茅台酒，原因同样是便宜，而且基本可以确保是真货。

第三节
品牌的敌人是品牌：有多少民族品牌被外国品牌控制

品牌的对手自然就是品牌了，因此，消灭中国品牌就成了外国品牌侵略中国的题中应有之义。在部署"拿下"中国消费者的同时，外国品牌就开始系统地、有步骤地、有策略地、逐个逐个地、逐批逐批地消灭中国已有的品牌，以抢占中国各行业的制高点，控制中国经济的命脉，为获取品牌霸权红利，扫清障碍，铺平道路。

自 20 世纪 90 年代初开始，外资并购中国企业，首选的是有传统技术优势、国内市场比较广阔并且运行良好的传统产业，如纺织、印染。但后来外企对知名度高的企业及其品牌产生了浓厚兴趣。

1990 年，美国庄臣收购了美加净。

1994 年，联合利华收购了中华牙膏。

2000 年，法国达能收购了乐百氏。

2003 年，欧莱雅收购了小护士。

美加净、中华牙膏、乐百氏、小护士……在当时中国响当当的品牌，在外国品牌的品牌运作下——被外国品牌收购之后——就在市场上消失了，取而代之的是外国品牌在中国市场上横行霸道，不可一世，外国品牌达到了自己的目的。

2003 年 8 月，排名中国第一、世界第五大碱性电池生产商——福建南孚电池有限公司被其竞争对手美国吉列公司收购。南孚占据全国电池市场的半壁江山，总销量超过 7 亿只，产值达 7.6 亿元。这个曾经让中国人引以为豪的"民族力量"——南孚电池一夜之间就落入美国人手里。

吉列的金霸王电池进入中国市场十年，一直无法打开局面，市场份额不到南孚的 1/10。通过收购，中国市场上最大的竞争对手消失了，并且得到了一家年利润 8000 万美元、拥有 300 多万个销售点的电池生产企业，更重要的是获得了大半个中国市场，而被收购后的南孚由于不能与金霸王正面冲突，南孚的优质碱性电池不能进入国际市场，南孚有一半的生产能力被闲置着。

2005 年 7 月底，在珠海市某位领导的安排下，美国开利集团准备收购格力电器，展开收购前的尽职调查。格力电器前身为珠海市海利冷气工程股份有限公司，1989 年经珠海市工业委员会批准设立，1994 年经珠海市体改委批准更名为珠海格力电器股份有限公司，当时只有一条年产 2 万台空调、技术落后至少 10 年的生产线，当年销售额约为 1 亿元，利润则不足 300 万元。2004 年格力电器销售量增至 750 万台，销售额高达 138 亿元，净利润增至 4.2 亿元，13 年来其成长率接近 140 倍。2005 年，格力电器进入全面鼎盛时期，成为全球产销冠军，在资金、技术和全球销售网络这三方面，格力一样都不缺，格力电器的技术能力及全球销售网络并不逊于美国开利及任何其他空调厂商，寡头市场份额和完全自主知识产权这两只"翅膀"，正按部就班地将格力带入全球一流品牌的圈子。为什么要让这么好的一个国企拱手让给外国人呢？十几年来，外资空调厂商在中国市场节节败退，假如收购格力成功，将在一夜之间使其过往竞争失败史全盘翻转，开利或者任何一个获得格力的外资企业，将在一夜之间拥有中国市场的强势寡头地位。由于主张开利收购方案的人员变动，收购才没有顺利进行下去，从而保住了格力品牌，要不然，格力的命运也与南孚一般无二了。

2007年11月，历时一年多的苏泊尔并购案，最终以法国赛博（SEB）加价11亿多元"结案"，苏泊尔披露的要约收购方案显示，SEB拟在二级市场以每股47元的高价要约收购最多4912.3万股苏泊尔股份，占其总股本的22.74%。

2008年，强生收购大宝。隶属北京民政工业总公司的大宝具有浓厚民政福利色彩，在1182名员工中，有近400名残疾人士，多为聋哑人，在公司管理高层中就有与大宝一同成长起来的残疾人士。企业同时享受优惠税收政策。员工人均效益工资从1990年的300多元，上升到2003年的2600多元。大宝资产总额为6.45亿元，净资产4.59亿元，2006年主营业务收入6.76亿元。这么好的一个企业竟然被美国强生公司收购了！

徐工集团的资产规模、人员规模、销售收入在当地企业中排名数一数二，在江苏省位列前十，在整个工程机械国内136个产品中，它占一半以上，并且有20个左右的产品市场占有率在前三名。就这样一个国内的行业"老大"，经营得相当不错的企业，改制时只引进国外投资者，不让国内企业参与，最后卖给美国卡特彼勒公司，这使卡特彼勒公司市场占有率达到中国工程机械市场20%的份额，一跃处于优势地位。

中国有不少历史悠久、知名度高的品牌，但由于管理水平低、资金不足、技术落后等原因而难以发展，从而有合资意向。这些知名品牌又是外企进入中国市场的障碍，于是，通过并购来消灭这些品牌便成为外企扫除障碍的利器。

如今，在饮料市场上，国内 8 大饮料公司已有 7 家被可口可乐、百事可乐收编，在碳酸型饮料市场上，外国品牌占有率达 90% 以上，国内品牌仅剩健力宝。

在洗涤用品市场上，全国 4 大年产超过 8 万吨的洗衣粉厂已被外企吃掉了 3 个。

食品、医药行业，国外品牌市场占有率已达 30%~40%。

轮胎橡胶行业，外资已收购许多国内大型厂家并形成垄断。

啤酒产业中，年产超过 500 万吨的企业合资率已超过 70%。

于是，在外企并购大潮中，当年人们耳熟能详的许多品牌如活力 28、熊猫洗衣粉；扬子、香雪海冰箱；红梅音响、天府可乐、北冰洋碳酸型饮料等都被外企打入了"冷宫"。

还有机械制造业也是如此：1996 年、1998 年，两个电机厂分别与外商（新加坡威斯特、英国伯顿）合资，被外商控制了经营权和购销渠道，连年亏损，巨额隐蔽收入流失境外。外资掏空了合资企业后，收购了中方全部股权，仅 3 年就完成了"合资、做亏、独资"三部曲。合资不仅没有达到国企解困的初衷，还造成了大量国有资产流失，一半以上职工丢了饭碗，政府背上了沉重的负担，国家多年培育的行业技术自主创新的平台被瓦解、破坏。

西北轴承曾经是全国轴承行业一流企业，是铁道部生产铁路轴承的定点厂。2001 年，西轴整体与德国 FAG 公司合资，德方占 51% 的股权。在德方资金久不到位、德方人员垄断决策权的情况下，宁夏要求西轴"从招商大局出发，坚决把合资工作搞下去"。连续三年亏损后，德方全部收购了中方股份，从此西部最大的轴承企业落入外方手中，外方同时拿去了中国铁路轴承 25% 的市场份额。后嫌利润太薄，德方竟停止生产铁路轴承。

佳木斯联合收割机厂（简称佳联）是全国唯一能生产大型联合收割机的企业，其产品占中国市场份额的95%。1997年，美国跨国公司约翰迪尔与佳联合资，到2004年改为独资公司，约翰迪尔遂取代了原佳联在农机市场的地位，我国失去了在大型农业机械领域的自主发展平台。

无锡威孚是国内柴油燃油喷射系统的最大厂商。在国家出台提高汽车排放标准的法规后，2004年，德国博世与威孚成立合资公司，博世占2/3控股地位，从此威孚只能生产欧Ⅱ以下产品，欧Ⅲ以上产品全部由合资企业生产。国家投巨资长期培养的技术中心被撤销合并，技术人员全部被收进合资企业，使威孚失去了核心技术和产品开发主导权，使我国原本就不强但尚能与跨国公司较量的技术队伍，少了一支主力。由于博世控制了销售渠道，新公司将P型喷油泵产品的销售单价由7000元提高到13000元。

锦西化机是中国著名的化工设备生产基地，其透平机械分厂的石化装置维修能力很强，拥有一支通晓各国装置的技术型、专家型队伍，国内独家，国外少有，多次承担国家重点科技攻关项目。在葫芦岛市政府主持下，锦西化机被迫拿出透平分厂与西门子合资，外方占70%的控股地位。自此锦西化机失去了自己核心竞争力的源头和唯一的利润点，面临存亡考验。这一合资案对国内化工装备制造行业带来巨大震动，影响到相关核心企业——沈阳鼓风机（集团）、陕西鼓风机（集团），它们也在和跨国公司谈合资。

杭州齿轮厂（简称杭齿）是中国最大的传动装置、粉末冶金制品的专业制造企业之一，主导产品是船用齿轮箱、汽车变速器、工程机械变速箱。在其大股东杭州市萧山区的主持下，与某外国公司签订合资合同，外方控股 70%。合资后，杭齿失去了最具优势的产品和研发力量，且不得自主开发与自己三大产品相关的技术。企业的著名品牌销声匿迹，多年积累的技术成果尽数收入他人囊中。杭齿所承担的军工研制任务立即面临危机。

常州变压器厂在国内生产变压器的企业中，排名第八。开发了一系列新产品，效益不断提高。但在"国企就是搞不好，必须产权改革"的大环境中，常州变压器厂逃不脱改制命运。当地政府两次给他们选择日本东芝和 TMT&D 当"婆家"。

2002 年 12 月，索尼（中国）公司以 1800 万美元收购成都索贝数码科技有限公司 67% 的股份，成为索贝公司的第一大股东。同年 6 月，商务部批准了这一收购。索尼并购索贝一案已经给中国的广电产业带来实质上的隐患。

外资对中国产业的扫荡以极其低廉的价格收购中国的产业资本和银行资本，价格之低完全如同抢劫。外资用廉价并购方式把新中国成立58 年以来创造积累的财富席卷而去。

外部竞争环境不断恶化，持续从紧的信贷，劳动力成本增加，产业升级又面临人才和资金的双重"瓶颈"，在没有国家大力支持的情况下，民营企业生存环境的确堪忧。当可口可乐收购汇源之时，30 多万网民投票反对，这不能单纯理解成民族情绪的集体宣泄，长此以往，当我们的产业链、定价权慢慢被外资控制，可以预见的是，在不久的将来，那些仍在苦苦挣扎的民族知名品牌要么一点点被外资蚕食，要么破产倒闭，再过 10 年、20 年，我们拿什么去跟人家竞争，全球市场上还会不会有"中国品牌"？

我们来看美国和法国是如何保护本土品牌的。1999 年美国沃尔玛想收购法国家乐福，法国政府撮合家乐福与另一家本土超市合并，成功抵御了沃尔玛的入侵。

2005 年，百事公司想收购法国达能，政府要人纷纷出面表态，最终令百事放弃了收购。法国将本土的 20 家国际知名企业，如家乐福、巴黎春天百货等列为"特别保护企业"，反对外国对其"恶意收购"。

为了防止民族品牌的流失，美国制定了一系列完备的政策性保护和扶植措施。其中，对内有《购买美国产品法》，规定美国联邦政府机构除特殊情况外，必须购买本国产品，工程和相关服务也必须由国内供应商提供；对外有著名的"301 条款"，按照条款，美国可以对任何损害本国商业利益的国家进行贸易制裁，从而为美国本土品牌提供庇护。

中国 40 年的改革开放伴随着招商引资，与 GDP 增长作为考核政府官员政绩的指标一样，招商引资的业绩也被用来作为衡量政府官员政绩的指标，于是，在招商引资的大旗下，一个个外国品牌的"狼"被引进了中国，一个个中国品牌被"狼"吃掉了。

第四节
恐吓也是战斗：打造品牌要花很多钱、很长时间吗

外国品牌对中国的侵略，另外的一个手段是恐吓策略。

他们故意散布一种谬论，说打造品牌是需要花大资金的，你们没钱吧？你们就干脆给我做"贴牌"加工算了；他们又会说打造品牌是需要很长时间的，你看我们的品牌几十年、上百年了，你要等几十年、上百年才能有品牌，你等得起吗？显然是不现实的，所以你干脆给我干加工算了；他们还会说打造品牌要先亏本，不赚钱，你愿意吗？这就是西方国家的品牌阴谋论，是谬论，他们故意散布这种谬论，向中国的企业界、社会各界进行传播，这种传播首先传播给外国品牌在中国的外企高管，然后由他们再传给一些国内的专家学者、一些广告人、策划人、培训师，然后再由他们传播给中国的企业家、老板。

比如，张老板想打造品牌吗？先拿 5000 万元来，上央视打广告，而且不能保证成功，广告打了失败也很正常。你要愿意干就拿来，你要不愿意干就算了。那你还愿意干吗？拿 5000 万元来打广告还不能保证成功，甚至还不能保证有效果，亏本是必然的，干不干？大部分企业家、老板被吓住了，小部分胆大的就被骗了，钱被拿来打完广告就没效果了。所以他们通过"二传手"来告诉你，要不你就别打造品牌了，打

造品牌是需要花大资金的，是需要亏损的，是需要很长时间的，你现在没这个条件吧？那就算了。这就导致了中国企业安安心心地干起了"贴牌"加工，做"中国制造"，不去想打造"中国品牌"。

以为打造品牌就是铺天盖地打广告无疑是错误的，正确的方法是不需要大资金的，是可以边赚钱边打造品牌的，也是可以不花很长时间的，是用"四两拨千斤"的方法。脑白金是这方面的一个典范，它用借来的50万元，用三年的时间打造成了一个家喻户晓的品牌。还有海尔、联想、华为，跻身世界500强。还有BAT，也没用多长时间就成了一个世界级的品牌企业，这样的例子还有很多。这些鲜活的事实正好证明，打造品牌是有方法的，这些案例也证明，打造品牌第一不需要很多钱，第二不需要很长时间，第三是可以边赚钱边打造品牌的。

还有人把打造品牌弄得高深莫测，玄而又玄，故意制造品牌的神秘感，好像打造品牌是什么高端技术，跟航天技术似的，中国企业是玩不了的，所以还是赚点"贴牌"加工的钱算了。这就是中国制造为什么会形成如此庞大的局面的原因，这就是外国品牌的阴谋论。它早已从心理上击垮了你，从理论上征服了你，从情感上俘虏了你，让你心服口服，在外国品牌面前顶礼膜拜，点头哈腰，既造成了对打造自主品牌的恐惧，又产生了对外国品牌的崇拜，从而造成中国企业不去打造品牌，中国人民又去买外国品牌的怪现象。

其实，很多所谓的外国品牌在外国根本就不是什么品牌，不过是一个商标而已，这些品牌往往是在中国由中国人帮它打响的。比如说有一种酒叫"路易十三"，在国外根本没多少人喝，结果到了中国成名牌了，一瓶要卖到好几千元，这多可恶可悲呀！

这就是经济侵略。我们没有品牌，好的东西都低价贱卖了。而人家有品牌，一般东西也可以高价卖给我们，比如麦当劳、肯德基、可口可乐、百事可乐这些都是公认的垃圾食品，但它们就是把这些垃圾食品卖给了我们，卖遍了全中国。百事可乐、可口可乐不就是碳酸饮料吗？它是酸性的，还含有咖啡因，有害健康的。LV 包都不是皮做的，是革做的。这是赤裸裸的经济侵略，把一个垃圾产品，挂上一个大品牌卖给中国人，来盘剥我们的血汗钱，而且还造成一种品牌的崇拜，造成中国人盲目地崇洋媚外，而我们中国生产的好货都不去买，大把大把的钱花在洋品牌上。更有甚者，还有人搭着差旅费到外国去买洋品牌，岂不知那正是中国生产的产品！更可气的是，在国内买还要比在国外买贵 50% 以上，这不就是外国品牌在侵略中国吗？所以说，这就是品牌战争。

第五节
揭露掏空我国的品牌战争

1. 不能再将资源和血汗低价卖给外国人

我国过去 30 多年经济增长的显著特征之一是以制造业为特征，中国成了"世界工厂"。由于没有品牌，不懂品牌运作，没有品牌意识，只有低价贱卖了，而让发达国家的品牌运营商们贴上他们的品牌卖了高价，钱都被他们赚走了，财富都被他们攫取了。

一方面，为了使中国产品在国际市场上更有竞争力，中国政府还长期采取出口退税的补贴政策，以鼓励出口。这就好比商场搞促销一样，没有品牌的产品光是把宝贵的东西低价贱卖还不够，还要半送半卖，打折促销。中国经济 30 多年的高速增长（GDP）就是这样换来的或者说是获得的！可见其代价多么高昂！

另一方面，美元相对于人民币的不断贬值，又意味着即便是用如此宝贵的资源和血汗低价贱卖、半送半卖、打折促销换来的外汇美元还在不断地贬值，这又相当于与之相对应的我们用如此宝贵的资源和血汗生产出来的产品白白地送给人家了，美元的不断贬值意味着我们的产品还在不断地白送，即过去 30 多年低价贱卖出口的真财富正在不断地变成白送，即变成了买一送一，或者换句话说，我们如此宝贵的资源和血汗生产出来的产品已低价贱卖、半送半卖了，现在还要在此基础上进一步白送！变成买一送一，不断地白送下去！

当然，你会说，货币是一般等价物，我们不也可以拿外汇去买人家有价值的东西吗？说得好！遗憾的是，人家比咱们聪明，人家的原材料、资源、能源——这些最宝贵的财富——人家不卖给咱，人家最值钱的东西是高科技和品牌，这两样人家也不卖给咱，而人家的劳动力不廉价，不仅不廉价，而且还极其昂贵，我们既买不起，也没必要买，咱们自己有的是廉价劳动力。没有品牌就没有超额利润，即实现不了超额剩余价值，企业就不能获得丰厚的盈利，社会财富就不能真正增值。

2. 钱都去哪儿了：倾家荡产换来的血汗钱又高价买了外国品牌的产品

中国人民用血汗和倾家荡产换来的钱都哪儿去了呢？除了高价支付房价即地价回到地方政府、银行和房地产商那里外，中国人还用于购买外国品牌的产品了。不仅在国内买，还打着"飞的"去国外买，因为同样品牌一模一样的中国制造的产品在国内的售价要比在国外高很多。而众所周知，中国人民的人均收入则只及欧美发达国家的1/10，福利更不如人家，却要花比外国人高得多的价格买同样的产品。就这样，中国还已经成了世界奢侈品消费第一大国，什么叫奢侈品？就是国外的品牌产品，而且是中国制造的！这里转了一圈，中国人民用血汗和倾家荡产得来的一点微薄的血汗钱中的另一部分又回到外国品牌那里去了，被外国品牌赚走了，东西还是中国人自己用自己的资源和血汗制造出来的东西，中国人用同样高得离谱的价格把它买下来，钱却被外国品牌运营商赚走了。

自 2012 年起，我国连续多年位列世界第一大出境游消费国家，中国游客成为全球的移动钱包。《2015 年中国旅游业统计公报》显示，中国公民出境旅游人数达到 1.17 亿人次，旅游花费 1045 亿美元，分别比上年增长 9.0% 和 16.6%。这意味着什么？意味着中国人民用血汗和倾家荡产得来的一点微薄的血汗钱中的又一部分用到了世界各国的消费上，用在了拉动世界各国的内需上，这钱又被外国人赚走了。

外国人不买咱中国的房，而中国人还到海外去买外国人的房子，中国人把很多国家的房价炒高了。这意味着什么？意味着中国人民用血汗和倾家荡产得来的一点微薄的血汗钱中的又一部分用在了拉动世界各国（主要是欧美发达国家）的内需上。

3. 如果是这样：将 70 年土地使用权高价卖给外国人，把产品廉价卖给中国人可以吗

更为关键的是，这样的高价地、高价房又都卖给了咱们中国人自己了，我们没有听说哪国的资本家纷纷到中国来买房的，假如我们把这样的高价地、高价房卖给外国人，而且只卖 70 年土地使用权，老外出巨资纷纷抢购，钱都给了中国各地方政府，转化为地方财政收入，支援了中国的现代化建设，又帮助中国的银行获得长期稳定的利息回报，房子又在中国，外国人到中国来吃住又拉动了中国的内需，70 年到期时又可以把土地连带地上的建筑物无偿收回国家所有，或者再以更高的价格卖它 70 年，那该多好啊！那有多爽啊！然后把中国制造的产品低价贱卖给咱中国人，让中国人享受低物价高品质的生活，那就更爽了啊！人家比我们聪明，人家把咱们给策划了，咱们是按照人家策划的方案在做，咱们策划不过人家。

把中国廉价资源和廉价劳动力生产的廉价商品，装船运往美欧等西方国家，美国则开动印刷机印制美元付给中国。

我国对外贸易占 GDP 比重超过 70%，对外贸易中外资又超过 70%，这两个 70% 反映了中国老百姓天天在为美欧等西方国家生产。西方"经合组织"20 多个发达国家中，家家都有中国产品；美国财政收入中超过 1/4 是依靠中国购买国债的资金；中国完全变成了西方国家的"厨房"。而为了生产这些产品，中国人民失去了富裕，失去了福利，失去了保障，失去了健康，失去了青山绿水，失去了美好家园，以至于看不起病，买不起房，甚至到了死无葬身之地的绝望地步。

所有这些财富损失中国人民都认了：要求把中国商品的 70% 以上运往美欧等西方国家，中国认了；要求控股中国产业，中国认了；要求开放中国金融市场，中国认了；要求中国给外资特殊优惠，中国认了；要求进入国民生死攸关的水务等公共产业（美国自来水公司归国防部直接领导，连美国私营公司都禁止进入），中国也认了……就这样，一认再认，一退再退，终于退到了已经无法再认，无路再退的地步：掏空中国资源，摧毁中国环境，牺牲掉中国 13 亿人口。

可以说，30 多年来西方国家在不消耗本国资源和不破坏本国环境的情况下，在彼此没有争夺资源战争的情况下，能够尽情享受美好生活，完全是依靠牺牲中国的资源和环境，牺牲中国人民的健康和生命。否则，单是对资源的争夺，就会使美欧等西方国家陷入炮火连天的战争之中。所以，对于美欧等西方国家来讲，放弃毁灭中国的发展方式已不可能，这不是一个意识形态问题，也不是一般的利益问题，而是根本的生存和发展问题。

美欧等西方国家"弱肉强食、优胜劣汰"的丛林哲学，使得他们把牺牲有色人种国家，看得如同牺牲鸡、鸭、狗、兔等一样理性自然。美欧在世界贸易组织起诉中国，要强制中国扩大稀有金属和焦炭出口，已经不再是一个简单的经济殖民化问题，而是在试探突破13亿中国人的生死底线。已经接受了穷光蛋命运的中国人民，不可能再继续接受死亡的命运。

顺便说一句，中华民族具有5000年悠久历史和灿烂文化，很多宝贵的东西源自中华，中国首创，却被外国人发扬光大。例如，"四大发明"中的火药被外国人发扬光大，制造枪炮，用来打败中国。例如，智慧和谋略即策划中国人从来不缺，也绝不亚于世界任何国家，却被外国人发扬光大，用于商战，用来对付中国，而中国却在异口同声的"莫谈战略，只管细节"、"落地、落地、再落地"、"实操、实操、再实操"声中只顾埋头拉犁，不管战略方向，结果被人家打得一败涂地。

第三章

澄清我国企业对品牌的迷糊观念、错误认识和做法

由于长期受外国品牌有意无意的蒙蔽，受外国品牌阴谋论的误导，中国人对品牌的错误观念和错误认识根深蒂固，中国人对品牌的错误观念、错误认识和错误做法，比比皆是，大到著名国企、央企，中到大型民营企业，小到名不见经传的企业，都普遍存在品牌策划中的常识性错误，在中国企业这样缺乏策划、缺乏打造品牌知识和方法的情况下，我国要想走品牌强国之路也是不可能的。所以，首先要给中国的企业家、给中国全社会的创业者上一堂品牌打造的基础知识课，让他了解一些品牌的常识，中国企业才能真正走上品牌之路，中国才能真正成为品牌强国，中国品牌才能真正走向世界。

第一节
走出打造品牌的误区

1. 打造品牌的"三只拦路虎"

一提起打造品牌，我们就会像条件反射似的立刻被以下三只"老虎"吓倒：

一是打造品牌是要花很多钱的——没有几亿元、十几亿元、几十亿元的资金投入休想打造品牌。我们的企业现在还没有那么多钱甚至资金还紧张，打造品牌就先别想了吧？还是等资金积累到一定程度以后再说吧？眼下还是老老实实做生产加工把产品造好算了？

二是打造品牌是要很长时间的——品牌需要沉淀，需要时间的累积，一个品牌需要短则十几年，长则几十年、上百年的时间积累。我们的企业时间还不够长，我们也不能用那么长时间去打造品牌，打造品牌的事还是等将来再说吧？眼下最重要的还是先赚钱。

三是打造品牌是要先亏损的——要打造品牌你就先别想着赚钱，而要准备亏钱，先大把大把地亏上三五年，七八年后再赚钱。我们的企业现在没那么多钱亏，我们还亏不起，我们正像热锅上的蚂蚁为钱急得团团转呢！我们上顿不接下顿，当务之急是先挣钱再说，等有了足够的资金积累，亏得起之后再来想打造品牌的事吧！

于是，一提起打造品牌，中国企业的普遍误区是：打造品牌是需要大资金投入的，打造品牌是要先亏本的，打造品牌是要很长时间的。于是，奋斗、拼搏、等待、煎熬、盼望着有朝一日企业资本积累到一定阶段了足够的钱之后再来打造品牌，走品牌赚钱之路，但是，越等越没钱，因为越是没有品牌的企业就越是赚不到钱，企业越是没钱就越是拿不出钱来打造品牌，结果，一辈子过去了，这一天始终没有到来，就这样，企业在不赚钱的恶性循环中运行，企业家在不赚钱的恶性循环中空耗一生，悲乎者？可悲也！

殊不知，这其实是外国品牌的"阴谋"，外国品牌投放的"烟幕弹"，目的是让中国企业都不敢打造品牌，都不去打造品牌，从而俯首称臣，成为世界品牌的"贴牌"加工厂，让中国企业都成为微利的或不赚钱的企业，只让世界品牌成为品牌赚钱的企业！

其实，成功打造一个品牌不需要大量资金，也不需要很长时间，更不会在打造品牌的过程中赔钱，关键是看你是否掌握打造品牌的方法。

请先看一个众所周知的经典案例：史玉柱的巨人集团于 1997 年轰然倒下，负债 3 亿元，借了 50 万元起家，脑白金在短短 3 年内做到了年销售额超过 10 亿元，成了中国家喻户晓的品牌。在负债 3 亿元的情况下，用借来的区区 50 万元，在短短的 3 年内就打造成了一个家喻户晓的品牌，既没有用大资金打造（-3 亿元+50 万元），也没有花很长时间（仅仅用了 3 年），更没有亏损（没钱可亏），紧接着，黄金搭档、征途网络、黄金酒个个打造成为中国著名品牌，至 2007 年史玉柱身家已达到 500 亿元，10 年打造成功了 4 个品牌。或许你会说，史玉柱打造的这些品牌美誉度都不怎么样。但至少是品牌这是不争的事实吧？况且美誉度不怎么样那是产品本身的问题，同样的产品有品牌总比没品牌好吧？或许你又会说，脑白金是靠铺天盖地的广告打起来的，不可取。那只不过是你的错误想象而已，史玉柱负债3亿元，只有借来的50万元启动资金，他哪来的钱上央视铺天盖地打广告？殊不知，上央视铺天盖地打广告的钱是用50万元赚来的！更为重要的事实是，当上央视铺天盖地打广告时脑白金已经成为家喻户晓的品牌了，说明脑白金这个品牌正是用50万元做起来的。也许你会说，那是有高人指点。但那至少证明，不需要花很多钱、很长时间先赔钱打造品牌的方法是存在的吧？

加多宝只用了一年时间，准确地说是用了3个月，就打响了一个品牌，当年销售额就超过100亿元。你会说加多宝是借助"中国好声音"才打响的，但这至少证明短时间内打响一个品牌的方法是存在的，借"中国好声音"打响一个品牌不正是策划出来的方法吗？花6000万元赞助"中国好声音"，3个月打响一个新品牌，3年内年销售额超过200亿元，按投入产出比来算，花钱多吗？不算多吧？时间长吗？不算长吧？亏本了吗？当然没有。如果有这种短时间打造品牌的好方法，你没钱银行也会贷款给你！

蒙牛从零起步到成为中国家喻户晓的品牌只用了不到3年时间，或许你会说那是有伊利作基础。

白金酒从零起步到成为中国家喻户晓的品牌只用了不到3年时间，或许你会说那是有茅台为其背书。

那么"小米"为什么突然就冒出来了呢？

"黄太吉"怎么突然就冒出来了呢？

即便是大名鼎鼎的苹果，其做手机的时间并不长，它怎么就突然一下子冒出来了呢？怎么就成为手机第一品牌了呢？

其实，综观我们身边的品牌，包括如今仍长盛不衰的品牌如联想、海尔、格力、娃哈哈、万向、万科、碧桂园、万达、如家快捷酒店等和曾经成功过的品牌如巨人、南德、三株、五〇五、飞龙、太阳神、爱多、秦池等，它们从默默无闻到成名的时间也不过 3~5 年，而且起步资金都很少！（这其中包含了一些已经衰落的品牌，但衰落有衰落的原因，不是品牌的企业倒下的不是更多吗？或者根本没起来过，也谈不上倒下了）

这至少足以说明，在短时间内成功打造一个品牌——中国品牌乃至世界品牌——的方法是存在的！而且用小的启动资金、不需要先亏本、边赚钱边打造品牌的方法也是存在的！

揭示这些方法正是笔者写作本书的目的。

至于滴滴、新浪、搜狐、网易、百度、盛大、阿里巴巴、腾讯、京东、当当、携程、智联、百合、人人、赶集等靠引进风投在短时间内打造成知名品牌的例子就更多了。

在移动互联网时代，短时间内打造成知名品牌的机会更大，小而美、精准定位、高粉丝黏度的品牌会不断崛起，这些品牌从无到有，在没有任何基础和传统渠道支撑的情况下，通过微商渠道迅速地把销售额做到上亿元，甚至逼近 10 亿元的级别。因为，在移动互联网时代，信息结构从网状开始变成点状（去中心化），信息传播速度以 N 次方在去中心化扩散，人与人之间已经完成了无时间概念的永久性连接，人们的选择越来越多地会受到身边人的影响，加上自媒体的自传播、病毒式裂变、即时传播的特点，品牌越来越被重视，也为短时间内打造品牌提供了条件。

或许你会说，成名不等于是品牌，品牌需要积淀，联想、海尔、格力、娃哈哈、万向、万科、碧桂园、万达等品牌都是经过了几十年的积淀才成为今天的品牌的。没错，它们形成"今天"这样的品牌影响力和内涵是经过了几十年的积淀，但是品牌之旅共分为两个阶段：一是品牌打响或叫创建阶段，二是品牌维护或叫管理阶段。一个品牌先要打响或创建，才能进入维护或管理阶级，创建或打响一个品牌与维护或管理一个品牌是两个不同的概念，品牌到了维护或管理阶段，已经是在成功的轨道上良性运营了，即是一个如何持续不断地赚钱或赚大钱的问题，是一个量变的过程了，而创建或打响一个品牌则是企业从不赚钱到赚钱或从赚小钱到赚大钱的走向成功的过程，是一个质变的过程。患"品牌恐惧症"的人往往是把这两个不同的阶段混为一谈了，把维护或管理品牌的时间也当成了打响品牌的时间，有的品牌是百年品牌，他误以为打响一个品牌需要百年！于是乎，他想都不敢想就放弃了。

2. 国人对品牌的错误认识为什么如此普遍、固执

事实就在身边，摆在面前，可国人对品牌的错误观念为什么还如此普遍、如此固执呢？以至于打造品牌的方法一直被国外品牌所垄断，国内则成为极少数人掌握的秘密？以至于 30 多年来中国企业甘于制造，把中国最宝贵的、货真价实的原材料、资源、能源、劳动力、生态环境以极低廉的价格卖给了发达国家，为了低价贱卖，国家还以出口退税的政策补贴制造企业，而让人家贴上一个品牌就以十倍、百倍的价格卖到全世界，特别是大量地卖给中国人？外国品牌干了什么呢？除了打造品牌之外，它们什么都没有干，却攫取了十倍、百倍于我们的利润，而我们则用最宝贵的原材料和资源，消耗了最宝贵的能源和劳动力，付出了最宝贵的环境污染和生态破坏的代价，获得的则是十分微薄的血汗钱。中国经济过去 30 多年 GDP 的高速增长是以将中国最宝贵的真财富（包

括资源和血汗）低价贱卖甚至大量地白送为代价的，换言之，GDP 增长得越快，中国人的宝贵资源和血汗低价贱卖和白送得越多。显然，这种经济增长模式是不可持续的，持续的时间越长，国家损失得越大。所以，现在中国主动调低了 GDP 的增长速度，也就是主动降低了将中国人的宝贵资源和血汗低价贱卖和白送的速度。这是对的，但同时还要谋求中国经济的转型升级，打造中国经济的升级版——笔者提出的答案是通过增加附加值即创造品牌才能从根本上大幅度降低资源和血汗消耗而又能保持经济增长。

由于品牌的观念误区，造成"品牌恐惧症"的后果很严重！

那么，造成国人"品牌恐惧症"的深层次原因究竟是什么呢？

原来，这是外国品牌有计划、有步骤、有预谋的阴谋！目的是让中国永远地至少是长久地将中国最宝贵的财富即能源、原材料、资源、劳动力、生态环境低价贱卖或白送给它们，它们则贴上品牌摇身一变以十倍、百倍的身价卖遍全世界尤其是卖到中国来！这是经济侵略，是一场品牌的战争，中国人和中国企业上了外国品牌的当，受了它们的骗！

第二节
一个品牌命名的错误导致一家企业少赚了 1000 亿元

品牌的视觉形象固然极为重要，然而品牌命名才是创立品牌的第一步。说到命名，不由得想起孔子的那句"名不正则言不顺，言不顺则事不成"以及根据这句经典延伸出的一个成语：名正言顺！一个好的名字，是一家企业、一个产品拥有的一笔永久性财富。一家企业，只要其名称、商标一经登记注册，就拥有了对该名称的独家使用权。一个好的品牌名字在企业成功和品牌打造过程中能够起到以一当十、四两拨千斤的作用。

品牌策划最基础的是命名，遗憾的是，在中国企业中像这样基础的事情，错误也太多。别小看品牌命名，一个错误的品牌命名可以使得一家企业破产倒闭，也可以让一个企业少赚 1000 亿元。比如说中国联通，因为它的品牌名叫中国联通，到今天为止，至少少赚了 1000 亿元。

众所周知，中国联通卖得比全球通便宜，为什么呢？是因为联通的信号没有移动好吗？假如联通和全球通其他方面一模一样，价格一模一样，产品质量一模一样，这个叫全球通，那个叫中国联通，你会选联通还是全球通？在同样的条件下，当然是首选全球通，全球通给人的联想是全球联通，而中国联通给人的联想是只有中国才联通，名字不一样，功能肯定也有高低之分，消费者就是这样想的。而实际上它们是一样的，一样的中国联通或一样的全球联通，只是不同的品牌名字给消费者带来的不同购买选择。

那么反过来说，既然在同样的条件下大家都愿意买全球通，那么在什么条件卜中国联通才会有人买呢？只有在比全球通卖得便宜的情况下，反而人们还会认为便宜没好货，可以看出，品牌命名起了关键作用。这就是中国联通为什么比全球通卖得便宜的原因，所以这个品牌命名就决定了中国联通要比全球通卖得便宜。

现在我们再来看现实中的信号和质量问题。中国联通曾经推出CDMA，它的信号和质量比全球通要好，中国联通想借此打翻身仗，花大价钱请了麦肯锡做咨询，麦肯锡将它定位于中高端，中国联通就以中高端定位将 CDMA 推向市场，结果还是不理想，为什么呢？因为中国联通这个品牌给人的联想就是低端的，人家叫全球通，你叫中国联通，从品牌命名上就矮对手一截。中国联通早就以低端的品牌形象先入为主，深入人心。

中国移动一年就是 700 多亿元，十几二十年下来，也就有上万亿元。中国联通比全球通少卖 10%，这么多年下来，中国联通就少挣1000 亿元。这就是一个"小小的"品牌命名策划不到位造成的巨大损失。中国联通在品牌命名上根本就没有策划，因为公司名字叫中国联合通信有限公司，所以就沿用到品牌上来，也叫中国联通，这是典型的品牌延伸，而全球通的公司叫中国移动通讯有限公司，它的品牌名叫全球通，全球通是商标，是"R"，公司名和企业名是分开的。

如果中国联通有品牌策划意识，完全可以想出至少不比全球通逊色的名字来，我立刻就可以给出三个上佳的名字：世界通、宇宙通、天下通，哪一个都不比全球通差。

很多年以后，中国联通终于意识到了这个问题，于是推出了"世界风"，中国联通——世界风，此时再来刮世界风，是不是太晚了？

此外，中国联通因为品牌命名失败的例子还有一个。

联通在 2009 年 4 月发布全新的品牌，3G 全业务品牌，中文名称叫"沃"，英文名称则是"WO"，没有明显的 3G 字样，而且与其他运营商不同，联通 3G 业务品牌还分为商务、生活、精彩三个子品牌，分别以蓝色、绿色和橘黄色表示。在此之前，中国电信、中国移动分别推出了 3G 业务品牌"天翼"和"G3"，这两个品牌标识都体现出了 3G，在设计上也体现出上网速度快的特点。

对于一个企业来说，一款产品最好的品牌名字是不用给用户解释，用户便可以明白其作用、效果等，越简单明了越好，这可以大大节省解释品牌内涵和产品功能作用等的广告费用。拿中国联通的品牌"沃"来说，首先，这个"沃"字无法和 3G 通信业务产生关联，品牌和产品之间联系不紧密；其次，中国联通推出的 LOGO 标识也看不出和 3G 有什么关联，人们实在看不懂联通的这个 3G 全业务品牌标识的含义。

一个让用户看不懂的品牌策划，耗费广告费去推广、去宣传，无疑会有极大的阻力。而且我们看到中国联通竟然推出 3 个不同定位的品牌标识，沃·商务、沃·生活、沃·精彩，这无疑更增加了推广的成本。

品牌策划失败就如同吹冲锋号的人倒下，就如同搞思想工作的政委倒下，没有良好的品牌策略，即使联通拿了一张最好打的"WCDMA"牌，也会因为品牌策划失误而丢掉绝好的发展机会以及用户的关注。

第三节
一家伟大的企业也难免犯品牌延伸错误

　　海尔公司很伟大，张瑞敏很厉害，但是它在品牌策划方面也难免犯错。一家濒临破产的小小冰箱厂，18 年后却是中国经营最为成功的企业之一、中国管理水平最高的企业之一、中国最为国际化的企业之一……海尔以近乎完美的形象，已成为中国成功企业的代表、民族企业的骄傲，各种赞誉海尔的文章、研究海尔成功经验的著作，可谓汗牛充栋，数不胜数。但是世界上没有绝对完美的事物，只有趋近完美，而且每个企业也都应该最大限度地趋近完美。海尔的成功经验当然值得总结，但更重要的是居安思危，杜绝隐患，所以更重要的是研究海尔的隐患，找出经营中的不足——这同时也是潜力的继续发掘。

　　海尔以做冰箱起家，曾经是中国家电市场的领军品牌，其生产的冰箱、洗衣机、空调，在多年的产销量中一直保持遥遥领先的地位，但市场毕竟不是一个品牌的天下，也不是一块坚硬不破的铁板，随着国内国际市场环境的变化，威胁海尔的不仅有传统的竞争对手，还有新加入进来的一批无论技术、服务、营销都具有相当实力的后起新秀，以及来自海外兵团的伊莱克斯、西门子、三洋、三菱、松下、索尼等。可以说，海尔进入的每一个领域，几乎都有强大的竞争对手，市场已经没有了空白点。

　　于是，海尔踏上了多元化和品牌延伸的征程，自 1995 年至今生产了包括洗衣机、空调、电风扇、无绳电话机、微波炉、彩电、小家电、电脑、手机等在内的家电领域几乎所有品类，同时还涉足橱具、生物制药、餐饮等跟家电丝毫不沾边的领域。海尔的阵容虽恢宏壮阔，但并不是最强大的组合，海尔除了冰箱、洗衣机、空调等传统产品具有盈利能力外，其余产品均被事实证明是盲目扩张和品牌延伸的败笔。

海尔盲目迷信品牌的能量，进行无原则的品牌延伸，忽视自身运行过程中存在问题的解决，直接导致了战略失误，使海尔的品牌延伸之路没有想象中的顺畅。海尔电脑、手机、电风扇、微波炉、药业、餐饮等产品，有的已销声匿迹。

1996 年 11 月，海尔药业成立，当时依靠一款名叫"采力"的保健品，海尔药业的销售规模迅速超过了 1 亿元。但好景不长，"采力"在 1997 年的短暂辉煌后市场出现疲软并迅速衰落。1998 年是第二阶段。海尔进一步加大了对医药产业的投入，并转而选择进入终端。这一年，海尔引进了中国香港勇狮集团作为战略投资者，后者持有海尔药业 25% 的股权。同时，海尔药业开始按照"先有市场、后有工厂"的经营理念在全球范围内建设药房。在经营药房的尝试之后，全面进入医药流通业标志着海尔进入做药的第三阶段。

2004 年 12 月，青岛海尔医药有限公司（以下简称海尔医药）正式亮相。按照当时的说法，海尔对医药的定位是"海尔药业做药品生产，海尔医药做医药流通"，实现"两条腿走路"。然而，正如媒体形容的那样，这一系列的努力都未能复制海尔在家电领域的奇迹。到 2004 年，海尔药业的整体销售额依然只有 1 亿元，这与国内领先的医药集团上百亿元的销售额收入相去甚远。于是，在海尔一系列剥离缺乏竞争力行业的思路下，2007 年，海尔历时 10 余年着力培育的医药业务也进入了剥离的行列。

如果你现在感冒了，要去买感冒药，一个是海尔的感冒药，另一个是康泰克，还有一个是白加黑，你会不会买海尔的感冒药呢？难道海尔公司不如生产康泰克或白加黑的那个药厂有实力吗？海尔生产不出好的感冒药来吗？感冒药的配方早已经成熟了，谁都能生产出来，海尔更能造出来，但是消费者认为海尔原来是生产冰箱的，一家生产冰箱的企业怎么会造出好的感冒药呢？它不是专业生产感冒药的啊！所以消费者就不会去买海尔的感冒药，他会去买康泰克，他会去买白加黑，因为它们都是专业生产感冒药的。那么海尔到底能不能去做药呢？假如有条件，海尔当然可以进入医药领域，但要与海尔切断联系，更不能用海尔品牌，要另外取名字，用新的品牌，这叫品牌专有。

这么简单的道理，难道张瑞敏不知道吗？因为这里是有误区的，作为当事人来说，海尔那么伟大，那么知名，进入一个新领域当然要叫海尔了，可以节省广告费用，不需要再打广告了。这个想法是有理由的，但这个想法是不正确的。黑格尔有句话叫"存在的即是合理的"，这句话的翻译是错误的，应该是"存在的是有理由的，是有原因的"，结果被我们的翻译者译成了"存在的即是合理的"，这是错误的。所以说张瑞敏是这样想的，他这样去做是有道理的，但不等于是合理的。

海尔这么伟大的国有企业都会犯品牌延伸这样基础性的错误，说明我们对品牌的知识太贫乏了。

品牌策划其实并不复杂，一点即破，点破了人人都能够明白，比科技研发简单多了。但是，品牌毕竟也是一门专业，也是一门科学，没有专业的人指点，单凭自己想当然，往往是错误的。

第四节

凉茶喝出了洗发水的味道：一家年销售80亿元的企业竟也犯品牌常识性错误

　　一提到霸王，人们就会想到霸王洗发水和成龙，霸王创造了中国洗发水的辉煌，成功地以中药去屑切割出洗发水中的一片蓝海，快速成为中药去屑第一品牌，曾经创下年销售额80亿元的良好成绩。

　　2009年在中国香港上市之后，霸王集团在广州投资4.8亿港元推出霸王凉茶，高调宣布进军饮料市场。它不仅注册了资本金1.8亿港元的霸王（中国）饮料有限公司操作这一项目，在广州的花都区购买了190亩地兴建厂房，还请近年来凭借《叶问》、《锦衣卫》红得发紫的功夫巨星甄子丹做代言，可谓声势浩大。

　　作为一个民族品牌，霸王当初凭借单一品类、单一品牌起家，而当其插上资本的翅膀之后，陆续投入资金涉足中草药洗护发、个人护肤、高端男士洗护用品等领域，生产、销售霸王洗发水、追风洗发水、霸王男士洗护用品、本草堂等系列产品，以"中药世家"为概念进行多元化发展。

　　2010年对霸王来说并不简单，直到年底霸王才再次恢复了市场的销售。我们重点来讲的是霸王产品线延伸所导致的品牌延伸错误给霸王带来的危机。

霸王成功地在人们心智中注册了中药洗发水的认知，不管在何时何地只要一提到霸王，人们就会想到霸王洗发水。站在品牌的角度来说，霸王的洗发水品牌非常成功，曾一度位列洗发水品牌第三名。霸王第一个提出中药去屑，并成功占据了消费者的心智。霸王成功后又推出了丽涛、追风洗发水。跟海尔一样，海尔从冰箱延伸到洗衣机、空调领域，这是在家电领域的延伸，霸王在洗发水领域的延伸，是在洗护领域的延伸，这种延伸属于同类项延伸，是同心多元化。但是，跟海尔一样，成功后的霸王忽视了品牌延伸的"陷阱"，做出了一个重大的决定，推出霸王凉茶。凉茶和洗发水这两大品类的产品差异太大，没有任何关联度。一个是喝的，另一个是洗头发的日化用品，但霸王却把它们联系在了一起。如果霸王推出凉茶用其他品牌名，成功的机会还是很大的，可是霸王的凉茶还是叫霸王，一个生产洗发水的企业，同时又生产凉茶，消费者在购买时会联想到什么呢？我们来看，当你走进超市准备要购买凉茶时，你看到了霸王凉茶、王老吉、加多宝、和其正，你会不会买霸王？

霸王的这种品牌线延伸只是站在企业的角度考虑问题，而没有站在消费者的心智中考虑问题。霸王会想，如果用霸王的名字推出凉茶，那么霸王的品牌知名度会更高，推广成本也会减少。但是霸王却忽视了消费者的心智原理，这样做只会破坏人们对霸王的认知，人们的心智不会接受一个品牌名用到其他产品上，心智会排斥它，而改变人们已有的观念是徒劳的。所以霸王的这步棋走错了。

霸王集团 2012 年 3 月 18 日晚发布公告称，公司 2011 年度营业额 8.88 亿元，同比下降 39.75%。公司权益持有人应占全年亏损为 5.58 亿元，同比 2010 年增加了 4 亿元亏损。每股亏损 0.19 元，较前一年增加

0.15 元亏损。产品方面，霸王洗发水在 2011 年的收入达到了 4.18 亿元，占公司总收入比例的 47%，但这一数字仍较 2010 年下降了 57.9%。霸王追风在 2011 年的收入为 1.46 亿元，较 2010 年下降了 56.3%。

霸王发布的 2012 年中报显示，公司上半年亏损 3.27 亿元，同比多亏损 3200 万元。与此同时，霸王集团中期营业收入仅为 2.89 亿元，同比下降 34.4%。针对此次中报，霸王集团给出的原因是"去年下半年至今的亏损以及一部分的资本性支出，造成资金流出"。其中，凉茶业务收入下降明显。据半年报显示，2012 年上半年，霸王凉茶业务取得 1610 万元收入。而在 2011 年同期这一数据是 1.18 亿元，仅隔一年，该业务收入下降幅度竟达到 86%。

霸王看中了凉茶市场的盈利空间，想要分食，但是其并没有做好充分的准备便贸然介入，所以造成了失败的局面。自霸王凉茶问世伊始，质疑的声音从未停过。霸王希望将霸王的品牌直接嫁接到凉茶业务上，但是其自身在销售团队建设和饮料业务的管理等方面均不完善，且战线拉得太长，也制约了其整体业务的发展，所以进军凉茶市场本身就是一个错误的决定。如今，就连霸王自己也失去了跨界经营初期投资 4.68 亿港元进军凉茶饮料时的自信，承认发力凉茶是一种"过度投资"，并表示，今后将采取审慎的态度经营和发展凉茶业务，将过度投资的风险降到最低。把错误的原因简单地归咎于投资失败，却没有认清错误的根本是品牌延伸的错误，可见其对品牌策划的专业知识还相当贫乏。

早在 2011 年底，霸王凉茶退市，广州琶洲的霸王凉茶经销商在清货，低价处理，或赠送，或直接回收，为了减少凉茶业务对集团业绩的拖累，霸王公告称，早在 2012 年初，已经采取了审慎的态度经营发展中的凉茶业务，将其外包给选定的分销商。

其实，在王老吉、加多宝、和其正三家同时发力后，霸王的日子并不好过，将该业务外包，自己只做批发生产商，将产品以底价交给经销商来开拓市场，不再承担市场开发的成本，这也释放出了一个信号：如果市场表现仍不理想，霸王将挥刀斩臂。霸王凉茶 2012 年以市场精耕细作为主，紧缩了市场规模，精心打造重点市场，接下来将以华南市场为主，持续运营霸王凉茶品牌和市场。截至 2012 年 6 月 30 日，霸王凉茶的分销网络包括大约 228 个分销商，覆盖 24 个省和 2 个直辖市，但销量很小，多个省的霸王凉茶陆续退市。

其实霸王的品牌策略非常简单，霸王的战略定位应该很清晰，它应该聚焦于霸王中药洗发水，就像海飞丝一样，如果霸王集团要推出其他产品，要采用其他品牌名，万不可用霸王来命名。他要做凉茶，推出霸王凉茶，殊不知，他犯了一个致命的品牌延伸错误。

霸王公司不能做凉茶吗？洗发水是中草药，凉茶也是中草药，当然能做，只不过是换个名称而已。霸王一年销售额 80 亿元，怎么生产不出凉茶呢？当然能，但消费者认为你是卖洗发水的，凉茶里有洗发水的味道，他不喝，你卖不出去了。这么大的一个民营企业也会犯品牌延伸的错误，更不要说一些小企业了。

第五节
15 年不鸣，一鸣惊人：一个品牌错误让一家企业长达 15 年默默无闻

20 世纪 90 年代中后期，随着社会经济发展，厨房文化的进步尤其明显：厨房从传统的"锅台转"、"做饭的"向"煤气文化"、"灶台文化"转变后，第三次厨房革命呼啸而来，人们越来越注重厨房格局、式样、风格、功能的综合审美、装潢设计与愉快享乐的使用要求。然而放眼当时的厨房行业，鱼龙混杂，企业品牌多，但规模小，标准化程度低，产品质量良莠不齐，一批低水平模仿与重复的国有企业和集体企业，跟不上整个行业的发展；而个别外资品牌由于销售渠道建设滞后、价格居高不下等因素，市场表现乏善可陈。市场在呼唤厨房行业的领军企业，呼唤厨房电器消费的潮流引领者。

在强手林立的中国厨房市场，茅理翔敏锐地察觉到厨房领域所蕴藏的巨大商机，果断决定上马抽油烟机项目，成立宁波飞翔厨房设备有限公司，开始了飞翔厨房的创业发展历程。因为茅理翔是做点火枪的，公司的名称叫飞翔集团，他也给产品命名为"飞翔"，同时礼聘当时著名的厨房美食明星方任莉莎，全力打造"飞翔"品牌、传播现代厨房消费理念。

成立之初，飞翔在充分评估自身能力与实力的前提下，制定了走厨

房专业化道路的发展战略，集中一切资源将厨房领域做专、做精、做透、做强。"不做大蛋糕，要做金刚钻"是飞翔专业化的理念。在确定市场细分时，茅理翔力主采取中高档定位策略，选择有文化素养、追求时尚、注重品位，且有一定收入的消费者作为自己的目标客户，以此将企业核心能力建设在品牌和设计等无形资产上，提升产品附加值。

走专业化路线，必须要牺牲一定的成本，牺牲发展速度。而飞翔也不是一个急功近利的企业，因为已明确地选择价值路线，将主要为厨房电器的中高端市场服务，自然要在新品开发、生产质量、售后服务上加大投入。其直接生产成本及有形、无形资产的投入当然要大于走性价比路线的竞争对手。

回首飞翔品牌选择"专业定位"与"精品路线"战略之初，关心飞翔发展的人们为他们捏了一把汗。在当时的市场环境下，对抗国际品牌，除了劳动力价格的明显优势外，本土制造企业在品牌建设能力、产品研发能力以及核心技术上难以与其抗衡。他们尝试突破本土制造企业的能力"瓶颈"，实施本土企业的质变。但是，尽管如此，飞翔在成立之日起的 15 年间仍然默默无闻。

到 2001 年，茅理翔经过深入思索后决定把飞翔改名为方太，之后便频繁荣获多项顶级大奖，印证了方太管理层当时的远见卓识和精准战略，同时也巩固了方太中国厨房电器领域第一品牌的领先地位。

飞翔公司是做厨具的，而其名称飞翔，让人联想到的是天上飞的，比如神五、神六，谁也不会想到它是厨具。这个名字对一家做厨具的企业来说，并不合适，所以方太 15 年默默无闻。后来终于懂得品牌命名的道理，改为方太而一炮打响，因为方太是太太，太太做饭是理所当然的，所以才好起来了。

第六节
语言文学教授不懂品牌策划，导致一个著名品牌彻底消失

随着市场竞争日趋激烈、产品的高度同质化，品牌日渐成为重要的竞争手段。当前市场上品牌统领天下的特征已十分明显，产品的市场份额向名优产品集中，20%的企业控制了80%的市场份额。

拥有品牌就拥有市场，振兴中国民族工业的关键在于创造出举世公认的品牌，21世纪将是按品牌划分世界市场的世纪，品牌的多少在今天已成为衡量一个国家综合国力和经济竞争能力的重要标志。

品牌价值是企业产品在市场上的良好销售表现及与消费者建立的一种较稳固的关系，是在消费者心中日积月累建立起来的价值，是企业的一种最有价值的长期投资，是一种至上精神的象征、一种地位的炫耀、一种企业形象的展现，是品牌无形资产的核心。可见，著名品牌本身就具有非常巨大的价值。

品牌策划必须具有前瞻性，也就是说策划师要有"眼光"，要看得远，要看到他人没有看到的，这样才能抢占先机，出奇制胜，反之则"人无远虑，必有近忧"，整日被琐事缠身，裹足不前。不谋万世者，不足谋一时，不谋全局者，不足谋一域，说的也是这个道理。这一原则很容易理解，很多策划师在实践中努力遵循这个原则，只是程度存有差

异。例如，很多企业没有做品牌策划，就忙着请广告公司发布广告，大量资金砸下去之后，可能会有一定的收益，但必然是事倍功半。

比如前几年有个彼阳牦牛骨髓壮骨粉冲剂，很多年前，笔者曾经当面询问过这家企业的老板，彼阳是什么意思？为什么品牌名称叫彼阳？原来这是请一个汉语语言文学教授给取的名字，这个教授是个博古通今的人物，他查了《诗经》，彼阳在《诗经》里是在彼之阳的意思，而彼阳在英文里则又是"be young"是年轻的意思，所以他就取了"彼阳"两个字给这个品牌命名。中西合璧，具有东西方文化底蕴，解释起来是挺好的，但如果不解释，全中国有13亿人，又有几个人能知道其中的如此深意呢？靠老板这样亲口去说，口口相传，效率多低，成本多高！如果企业用打广告、做宣传的方法去解释，又得浪费多少广告费呢？取一个品牌名字，不是为了让消费者很容易明白产品的内涵和定位，而是让人不明白，然后再花钱去解释，这是下下策。

企业的任何行为都是要花钱的，无论是通过广告宣传去解释，还是通过业务人员去解释，通过解释才让人明白其中的深意，那是解释的功劳，而不是名字的功劳。名字是干什么的？名字就是用来代表和传达产品的内涵的，让消费者通过这个名字能够了解产品的内涵，而这个名字代表和传达什么谁也不知道。牦牛骨髓壮骨粉跟《诗经》有什么关系？那是补钙的，是针对骨质疏松的，跟《诗经》毫无关系，用彼阳，想表达的内涵与产品的内涵也毫无关系。这些道理很简单，但老板不懂，那个教授也不懂，因为他不是做策划的，他是语言文学教授。假如取个名字叫骨通经，或骨中金，简单明了，通俗易懂，不需要解释就能让消费者明白，多好。

第七节
请算命、易经大师做品牌策划，让中国第一代民营企业还在艰难创业期

有的企业竟然请算命先生、易经大师来做品牌策划。有一个做学生学习用品的企业，品牌名称叫万虹，与学生用品一点关系也没有。

深圳万虹科技公司由刘鸿标先生于 2006 年 3 月 6 日创建。刘先生凭着对祖国教育事业的热爱，对孩子成长的关爱，在成立万虹科技之前，已在电子教育产业耕耘了 6 个年头。当机会纷纷向他涌来时，他依然选择坚守电教行业，创建万虹科技——一个专业服务于教育电子产业的高科技平台。万虹公司设有专业而注重实效的产品技术研发中心，拥有 160 多名软件、硬件研发人员，多人具有研究生以上学历，能迅速独立研发出各种不同规格、技术档次的读书机、学习电脑、早教笔等电子教育产品，在孩子的学习、记忆领域实现人性化的研发。但其品牌至今仍默默无闻。

做学生用品的领域已有一系列知名品牌，如好记星、读书郎、步步高、文曲星，这些都是家喻户晓的品牌，这些品牌的名字看上去、听起来都很容易让人联想到教学、学生和学习，所以它们都很成功。但万虹是他们的前辈，却没有打响。万虹看上去、听起来就与教学、学生和学习无关。多年前，笔者询问老板为什么会取这样的名字？老板说，这是

算命先生给取的，算命先生给他一算，说他命里缺水，所以给他的品牌取名叫万虹。万虹是雨过天晴万道彩虹出来的意思，天上下了雨，地上就不缺水了。结果怎么样呢？虽然不缺水了，但这么多年过去了，这个企业还是没有站起来。这说明给产品命名是策划，这不是算命先生的专长，甚至也不是语言文学教授的专长，是策划人的专长。

中国企业最缺的是策划，老板们普遍缺乏最基本的品牌策划常识，于是就想当然地取名字，随便取名字，要么请算命先生、易经大师来取，要么请语言文学教授来取，要么简单地把公司名延伸用来当品牌名，要么把此品牌名用于彼品牌名，这怎么可能成为世界品牌呢？中国企业家的品牌策划知识太缺乏了。

第八节
由于不懂得品牌策划，导致中国产品在国际市场上卖不出好价钱

1. 为什么品牌商品卖得贵

大家知道，一件商品本身的价值是由两部分组成的：一个是它物质层面上的功能性价值；另一个是它精神层面上的文化价值，也就是品牌的附加值。譬如，鞋子的物质层面上的功能性价值就是满足人们日常行走的需要，也可以说是鞋子的基本价值或原始价值；而其品牌价值就是依附于鞋子本身的文化内涵，即鞋子的附加值。随着人类历史的前进，文明的进步，社会的发展，人们生活水平、审美情趣和精神需求的提高，品牌的附加值在人们心目中越来越具有上升的空间。一般来说，商品物质层面上的功能性价值只占其总价值的很小部分，通常为 1/10~1/8，而品牌价值占到 90% 以上。这也就是品牌为什么能卖那么贵的原因了。

正因为商品品牌所具有的独特的、不能模仿的、内在的特质，所以显得倍加珍贵。富裕的消费者更愿意为此多掏腰包，购买名牌商品，他们注重的是无形的精神层面上的品牌附加值，所以愿意花大价钱去买品牌产品。由于人们对精神层面上的需求具有巨大的价值，却往往被我们不懂品牌运作的人忽略了。

商品物质层面上的功能价值由材料成本、机器折旧、工人工资等组成，而其精神层面上的价值则由板型设计、色彩搭配、材质选择、舒适程度、企业文化、品牌价值等构成。一般来说，一件商品的物质层面上的功能价值很容易满足人们的最低需求，人们越来越追求品牌等精神层面的价值了，现在我们很少看到有人把一双鞋子、一件衣服、一条裤子穿破了的，同样道理，现在的人们很少有人买鞋子、衣服、裤子等主要是考虑经久耐用，经久耐用的价值已经不大，只占很小的比重了，相反，板型设计、色彩搭配、材质选择、舒适程度、流行时尚、品牌价值这些精神层面上的东西价值凸显，成为人们购买商品时的主要考虑，从而在商品价值中占很大的比重。这就是人们日常看到的国外品牌商品比国内同类商品昂贵的根本原因，因为，我们大部分的商品只有物质层面上的功能价值，没有或拥有很少精神层面上的品牌价值，而消费者越来越追求精神层面上的品牌价值了。这也就是我们要做品牌的原因。

翻开欧美特别是欧洲一些知名服装、鞋、包品牌的发展历史，我们就可以看出，他们最初的品牌创始人许多是当地知名的"手艺人"，不是鞋匠、裁缝，就是马具作坊主。在当时，表面上看，这些"手艺人"用手工在制作一件一件的商品，实际上他们是在打造一件件富有独特个人魅力的手工制品。虽然后来机械的广泛采用，使得他们不再手工制作转而用机械大批量生产，但这只是制作方法的改变，其文化内涵丝毫未受到削弱，因为有了品牌这个载体，所以，他们的商品价值就可以通过品牌这个载体得以传承至今，特别是鞋子和服装品牌。机械代替马匹作为动力的直接后果就是马具作坊主的马具生意萧条，这就迫使他们转行生产与马具相关的皮制品，并把原来的文化融入其中，就形成了今天知名的皮包品牌。批量生产导致批量销售，进而带动了其品牌在世界范围的推广。

2. 为什么我国的产品价廉

与欧美品牌相比，我们自己的服装、鞋、包品牌确实有些"寒酸"。中国是一个农业国家，5000 年的历史造就的实际上是集体主义盛行的农业文化，这一点和西方有本质的区别。在历史上，农业是鄙视商品经济的，即便鼓励商品交易，也是强调其功能价值，忽视其内在的内涵。长袍、马褂、布鞋的作用就是满足人们遮风抗寒、行走及农田劳作的需求，没有品牌的概念，更谈不上品牌策划，如有，顶多也是农业文化。进入 20 世纪后，中国人才真正开始认识到商品的品牌价值，并着手打造中国自己的商品品牌。

来自中国纺织品进出口商会的一项最新统计显示，美国从意大利进口服装的平均单价是 22.84 美元，从法国进口服装的平均单价是 22.42 美元，从全球进口服装的平均单价是 3.19 美元，而从中国进口服装的平均单价是 2.84 美元。

是什么原因导致中国服装产品在国际市场上卖不出好价钱呢？答案是中国产品缺少国际品牌。

中国服装产品出口价格偏低的例子并非孤立现象。据中国轻工业联合会透露，我国家具、家用电器、日用陶瓷、自行车、文教体育用品、玩具等行业的产品出口额都名列世界前茅，但世界闻名的中国品牌却寥寥无几。因为缺少品牌，我国出口的产品价格远低于其他国家的同类产品。

我国每年新增几十万个品牌，但能够生存、发展并在市场上形成较大影响的品牌并不多，我国企业的平均寿命只有 7.3 年，品牌的生命力平均不足 2 年。补上品牌策划这一课何其紧迫和重要。

尤其值得关注的是，当前我国拥有自主知识产权及核心技术的企业仅占企业总数的万分之三左右。作为技术创新主要标志的发明专利，我国只有日本和美国的 1/30。我国出口商品中 90% 是贴牌产品。在出口大省广东省，自主品牌出口额仅占全省出口额的 3% 左右。

中国是名副其实的"制造大国、品牌弱国"。以纺织产品为例，我国是纺织品出口大国，但 50% 以上服装出口为来料加工，30% 以上由进口国提供商标、款式、纸样稿来样加工，自主品牌的服装仅占 10% 左右。

缺少自主品牌、知名品牌，我国企业只能处于外贸分工的低端。我国许多产品出口价格构成只计算了来料加工的人工成本，而能源、资源、环境代价却几乎没有计入。

培育品牌应该是转变我国外贸增长方式的重要选择。品牌工作是一个复杂的系统工程。经验证明，品牌的成长需要政府、社会、中介组织等各方共同努力。但是创造品牌的主体是企业。

发达国家研发投入占 GDP 的比重普遍在 3% 以上，一些著名企业在品牌创立之后都是在不断创新中生存、发展起来的。而我国企业普遍缺乏培育自主品牌的动力。不少企业把品牌简单等同于名气，不愿花大力气搞开发，只愿投巨资做广告，企业可持续发展能力严重不足。此外，企业缺乏品牌保护意识，我国 50 个最著名品牌商标在境外未注册的比例高达 50%。

我国不少企业品牌产品市场定位不明确；大多数企业没有设立品牌管理部门，缺乏品牌管理人才；对突发事件和危机，缺乏有效管理和应对预案；不重视企业形象，也不重视形成企业独特的文化。这些正是需要企业下大力气改变的。

第九节
不懂得品牌策划，导致中国 99％的企业不赚钱

　　企业经营的目的是赚钱，但赔钱却无处不在。作为一名营销策划、品牌策划领域里的专家，笔者每天如走马灯似地与形形色色的大小老板打着交道，听到最多的词汇当然是"忙"、"累"、"赚不到钱"、"竞争压力大"等。GDP 节节攀升，企业的日子为什么越来越难过？商业环境日益复杂，靠什么来拯救企业的利润？我们再深层地分析，企业之所以会这样，之所以会不赚钱，那是因为他们不懂得品牌策划，如果懂得品牌策划之道，中国 80％有规模的企业，在现有规模下普遍具有增加 30%~50% 利润的潜力。只要掌握合适的方法，许多企业在现有经营规模基础上，均有巨大的利润提升空间！而增加利润的唯一法宝就是打造自己的品牌。

1. 老板为什么累，企业为什么不赚钱

　　由于没有品牌，不懂得品牌运作，导致中国 99％的企业不赚钱。它们不赚钱的具体原因是什么？这个问题很重要，如果我们知道了不赚钱的原因，当然也能知道赚钱的方法了。我们这里说的不赚钱，不等于现在这些企业就已经死掉了，或者说一定会亏损，不是的，现在中国企业

很多都活着，都还有利润，还有净资产，但不等于这个企业是赚钱的，这是因为中国企业老板为自己打工所赚的钱没有拿走，放在企业里了，形成了企业的利润、资产，从而让企业得以生存。我们讲的是企业赚钱，而不是老板赚钱放在企业里没有拿走。

那么，中国企业老板给自己打工挣的钱有多少呢？我们来算笔账，首先我们说，任何一个企业的老板是企业里最辛苦、最努力，也是最优秀的员工，他不需要你激励，非常积极，非常主动，他加班加点工作，节假日不休息，365天都在工作。如此优秀的员工，他的工资应该是全公司最高的。所以，一个公司的老板一年的年薪拿个几十万元、几百万元是应该的。但是，我们知道，中国企业的老板从创业的第一天开始，他并没有及时地、足额地支取他的劳动报酬——工资。这些钱是放在公司里了，这些钱是用于企业投资的，应该还有利润，利息滚利息，利润滚利润，几年、十几年、几十年下来，是一个巨大的数字，这笔钱就成了利润，形成了企业庞大的资产。如果一个企业存活了20年、30年，这笔钱就会有数十亿元之多，复利是很厉害的，世界上比原子弹还要强大的武器是复利。

我们知道，中国企业99%是中小企业，也就是说，这些企业的资产也就几百万元、几千万元、几亿元，其实这就是老板给自己打工的钱没有拿走，自己的钱放在企业里了。如果把这部分钱拿出来的话，这些企业早就倒闭了。也就是说，从本质上讲这些企业是没有赚钱的，这是现状。为什么不赚钱？这是因为这些企业进入了一个很大的误区——低价贱卖的误区。

2. 为什么非低价贱卖不可呢

那为什么非低价贱卖不可呢？因为这些企业生产的产品或所提供的服务是大路货，是同质化的大路货。为什么这些企业生产的产品或服务是同质化的大路货呢？因为我们正处于一个过剩经济的时代，产能过剩是普遍现象。

就拿钢铁行业来说吧，山西一家民营钢厂负责人感叹，目前一吨钢的利润仅有 2.6 元，买不起一瓶饮料。宝钢董事长徐乐江说："我们能生产各种产品，但是我们却都不赚钱了。"一句话道出了钢铁企业痛苦挣扎的现状。

产能过剩反映出我国工业化发展进程中，经济体制转型与增长方式转变的阶段性特征，也暴露出我国工业存在的深层次、结构性矛盾和问题。当前，产能过剩已经成为我国经济发展面临的最大困难，是中国经济实现"升级版"必须应对的重大考验。

面对同质化的大路货，这些企业家们想到的唯一的办法是低价贱卖。比如，你是创业者，生产一种润滑油，要把它卖出去，你想卖比美孚、比壳牌、比嘉实多、比长城、比昆仑、比统一润滑油还高的价格，不可能啊！它们都是国际国内的大品牌，而你只不过是一家名不见经传的小厂，肯定要卖得便宜点才能卖得出去，因为都是机油嘛！其他行业也一样，所有行业都在遵循这样的低价贱卖的做法。中国 99% 的企业所生产的产品都是同质化的大路货，所以这些企业所想到的卖法就是比那些领先品牌卖得便宜点，而一卖得便宜点就不赚钱了。因为任何行业都有平均利润率，平均利润率是企业正常发展的一个基本保障，而你的企业连平均利润率也没有，肯定是不赚钱的，因为那些大企业是规范的企业，管理也完善了，已经形成规模了，而你是初创的，刚进入这个行业，你肯定做得不如人家，你的管理不如人家规范完善，你的规模不如人家大，因而没有规模优势，你犯的错误更多，所以你的成本更高，你成本高却卖得价格更低，你肯定不赚钱。所以，作为企业你是不赚钱的，你只靠你老板自己打工赚钱。

为什么大企业的老板不累呢？因为大企业赚钱了；小企业老板为什么累呢？因为小企业不赚钱，老板要干活才赚钱。这就是原因所在。这是一个普遍现象，你有什么办法呢？没办法，大路货，只能低价贱卖了。这就造成了中国企业 99% 不赚钱。

我们说的没办法，是对不懂品牌策划的企业老板说的，而不懂品牌策划的企业老板高达 99% 以上，所以中国 99% 的企业不赚钱，但是对于那 1% 懂品牌策划的企业老板来说，对于何学林来说，办法是有的，而且是个好办法，是可以让企业赚钱——赚大钱——轻松赚大钱——可持续轻松赚大钱——可传承——受人尊敬——令人崇拜的好方法，这样的方法就是品牌策划的方法，品牌策划的方法不是要等到品牌打造成功之后才让企业赚钱的，而是可以让我们的企业从一开始打造品牌的时候就进入赚钱的正确轨道。

大多数企业不赚钱是因为不懂得品牌策划。要引导企业走追求利润最大化的正确之道，首先必须打造自己独有的品牌，必须学习品牌策划，进行品牌策划，这样才能有的放矢，取得良好的效果。

当然，99% 不赚钱的企业老板们也知道打造品牌的重要性，也懂得品牌可以卖高价，能赚大钱，但是他们认为，打造品牌需要花大钱，而现在他钱又不够多，所以没办法。换句话说，中国企业的命运陷入了一个恶性循环，越是没钱打造品牌，就越没有品牌，越是没有品牌，越是避免不了低价贱卖，越是低价贱卖，就越是赚不到钱，越是赚不到钱，就越是没有钱去做品牌，这就进入一个死胡同，陷入了两难局面。

企业家希望产品能够卖高价，而卖高价就要有品牌影响力，但他们现在的产品又没有品牌影响力，所以他们想到用钱来打造品牌，这个时候他又没钱，这怎么办呢？所以他们就只好等啊等啊等，等到有朝一日积累了一笔钱，能够请到大策划家，再来打造品牌，但是这一天永远不会到来，越等越没钱，因为市场竞争越来越激烈。越是没有品牌，产品越是卖不出去，就越是要低价贱卖，越低价贱卖，越卖不出去，结果就是越没钱，越没钱，越没办法打造品牌，就越是没有品牌影响力。所以说这是一个恶性循环。绝大多数的中国企业家就是在这种恶性循环中空耗一生，一辈子都不赚钱，到死都不明白为什么不赚钱。

这是一个恶性循环，要从这种恶性循环中突围出来，唯有品牌策划。首当其冲的就是定位，定位定天下，定位定成败，定位创造奇迹。定位是品牌策划最重要的方法，定位定对了，不仅能使企业走出不赚钱的困境，还能成为行业第一品牌。

为什么定位能够使企业突出重围摆脱困境，能够让企业赚钱呢？定位如何让企业成为第一品牌呢？

第四章

做强做大企业的不二法则之一：
品牌定位策划

在互联网时代，企业的涌现速度比以往快很多，但企业死亡的速度也很快，这就需要企业领导层在品牌建设上下工夫，而打造品牌的第一步就是为产品精确定位。定位是指在消费者的心智中建立优势位置，让消费者一想到某些产品和服务就能想到某个品牌。用互联网的思维和语言讲，就是专注一个核心产品做到极致，通过用户良好体验抢夺用户心智资源。这种竞争策略的好处是：带来较强的品牌溢价。

第一节
独一无二性：专注于一个无人竞争的领域，做到极致

雷军在他的互联网思维七字诀里第一个提到的就是极致。"罗辑思维"创始人罗振宇奉行的极致是"死磕自己，愉悦大家"。他认为极致就是把产品和服务做到最好，超越用户预期，做到第一。而品牌定位的第一不是与众多竞争对手争第一，而是要找到一个无人竞争的领域、一片蓝海、一个空白市场，你就当然能最容易地成为这个领域的第一名。

大多数人知道登上月球的第一人是阿姆斯特朗，但没有几个人能知道第二个、第三个登上月球的是谁。奥运会上无论银牌或铜牌打破了多少纪录，只要不是第一，过不了多久就会被人们遗忘。著名营销大师、"定位之父"杰克·特劳特在其畅销书《22条商规》中，提出的第二个定律就是——品类定律："如果你无法在现有品类中成为第一，那么就创造一个新的品类使自己成为第一。"

在无人竞争的领域尚没有人与你竞争，你现在是独一无二的，尽管未来会有竞争者步你后尘，你却又有了领先优势，你很容易一路领先，成为这个行业或这一细分市场的第一名。所以这样做的障碍和阻力是最小的，投入和付出也可以是最少的，成功的概率最大，时间最短。换言之，风险是最小的。实现了轻松赚大钱的目的。

问题是今天的市场已不是过去的短缺经济时代了，短缺经济时代早已一去不复返；今天的市场是一个过剩经济时代——产品大量同质化的时代，几乎不存在无人涉足、无人与你竞争的领域，不存在蓝海，不存在空白市场了，纵使你有超凡的眼光、洞察力和胆魄也无用武之地。首先成为独一无二、然后轻松成为第一名的现存的市场机会几乎没有，怎么办？

现存的没有，靠发现已经不行了，但是可以通过策划，策划出新的蓝海、空白市场、无人竞争的领域！定位就是全案策划中最重要的一个环节。用定位的方法就可以找到一片蓝海、一个空白市场、一个无人竞争的领域。

汽车同质化了，奔驰汽车将自己定位于"尊贵"，在当时是独一无二的，从而找到了一片蓝海、一个空白市场、一个无人竞争的领域；宝马汽车定位于"驾驶的乐趣"，在当时也是独一无二的，从而也找到了一片蓝海、一个空白市场、一个无人竞争的领域；沃尔沃定位于"安全"，在当时又是独一无二的，从而又找到了一片蓝海、一个空白市场、一个无人竞争的领域……

可口可乐已经家喻户晓了，再做可乐已经同质化了，但百事可乐定位于"年轻一代的选择"，在当时是独一无二的，从而找到了一片蓝海、一个空白市场、一个无人竞争的领域；七喜定位于"非可乐"，在当时又是独一无二的，从而又找到了一片蓝海、一个空白市场、一个无人竞争的领域；王老吉定位于"预防上火"的凉茶，在当时也是独一无二的，从而也找到了一片蓝海、一个空白市场、一个无人竞争的领域；汇源定位于"果汁"，在当时又是独一无二的，从而又找到了一片蓝海、一个空白市场、一个无人竞争的领域；宗庆后定位于做"纯净水"，在当时也是独一无二的，从而找到了一片蓝海、一个空白市场、一个无人竞争的领域……

在谷歌一统天下的时候，李彦宏定位于做"中国人的搜索引擎"，在当时是独一无二的，从而找到了一片蓝海、一个空白市场、一个无人竞争的领域；在硬件一统天下的时候，比尔·盖茨定位于做"软件"，在当时是独一无二的，从而找到了一片蓝海、一个空白市场、一个无人竞争的领域；在企业家们都习惯于各自为政的时候，巴菲特定位于做"整合"——整合资金，整合企业，在当时是独一无二的，从而找到了一片蓝海、一个空白市场、一个无人竞争的领域；在生产性企业和百货公司横行霸道的时候，沃尔顿定位于做"超市"，在当时是独一无二的，从而找到了一片蓝海、一个空白市场、一个无人竞争的领域……

当然，我们所说的独一无二是相对的，是相对于在这一领域、行业、细分市场还没有知名品牌而言的，只要还没有知名品牌，你就还存在抢先进入消费者大脑的可能，当一个产品持续被用户认知，事实上产品就已经形成了在用户心智中的认知，它们并不需要特别做什么广告去强调。因此从这个角度来说，产品定位对营销的作用远远大于广告对营销的作用。

人的欲望和需求是无止境的，从而市场细分也是永无休止、无穷无尽的，所以，策划定位的方法是普遍适用的。

一方面，企业的目的是赚钱，追求利润最大化。另一方面，还要追求风险最小化。在赚钱的过程当中要付出，要投资，投资有风险，说不定要亏本的，企业发展是有竞争的，是有阻力的，这些都是风险。定位既能解决利润最大化，也能解决风险最小化。

独一无二性意味着企业一下就进入了一个无人竞争的领域，是一片蓝海，是一个空白市场。一片蓝海、一个空白市场、一个无人竞争的领域，当然是独一无二的。有了独一无二的定位，你的产品或服务就最容易成为第一名，换句话说，为企业轻松赚大钱找到了一条捷径。

在移动互联网时代，许多小众品牌善于分析消费者行为，清晰的市场定位为自己开拓出一个蓝海市场，拥有明确的消费人群，这些人群由于对小众品牌有相同的喜爱，因此也让小众品牌的营销变得精众化，小众品牌知道哪些客户是自己的，因而营销效率也更高。小众品牌不用打很多广告，只需要专注于品牌的精耕，就能获得消费者的青睐和忠诚。这样的投资最少，风险最小，成功的概率最大，很容易达到第一品牌。这个定位的独一无二性，就一举解决了企业经营的本质，第一追求利润最大化，第二追求风险最小化。独一无二性是让我们能够轻松成为第一品牌的捷径，是风险最小的——投入和付出最少、时间最短、最无障碍和阻力地成为第一名（第一品牌），而成为第一名（第一品牌）当然也是这个领域、行业、细分市场利益最大的。

第二节
巨大的用户需求性：决定了成为第一品牌的成就有多大

互联网有一个重要的思维是用户思维。互联网时代的竞争核心是用户体验溢价。张瑞敏都反思说：互联网带来的最大问题是什么？最大的改变是什么？去中心化，用户才是中心，谁满足我的体验我就认同谁。

品牌定位不是从工厂想制造什么开始，而是从用户的心智开始，你所做的第一件事就是看一看用户的心智中缺什么？凭借自己独特的个性专攻某一市场或某一消费群体，满足他们需求，迅速获得发展。

独一无二性是让我们能够轻松成为所在领域、行业、细分市场第一品牌的捷径，但如果这个领域、行业、细分市场的市场需求本身就很小，那么，你即使成为第一，也不大。所以，要实现利益最大化，还要找到有巨大市场需求的领域，在这样的领域你具有独一无二性，将来你最容易成为第一名，这才符合利益最大化。

"尊贵"的市场需求是巨大的，所以奔驰汽车赚了大钱；"驾驶的乐趣"的市场需求很大，所以宝马汽车赚了大钱；"安全"的市场需求是巨大的，所以沃尔沃赚了大钱；"年轻一代"的市场需求很大，所以百事可乐赚了大钱；"健康"的市场需求是巨大的，所以七喜赚了大钱；"预防上火"的市场需求很大，所以王老吉赚了大钱；"果汁"的市场需求是巨大的，所以汇源赚了大钱；"纯净水"的市场需求很大，所以宗庆后赚了大钱；"中国人的搜索引擎"的市场需求是巨大的，所以李彦宏赚了大钱；"软件"的市场需求很大，所以比尔·盖茨赚了大钱；"整合"的市场需求是巨大的，所以巴菲特赚了大钱；"销售"的市场需求很大，所以沃尔顿赚了大钱……市场需求越大，你赚的钱就越多。而现实中人人都看得见的巨大的市场需求的领域不可能只有你一个人干，你不可能是独一无二的，所以我们要找的一定是巨大的市场需求的趋势，当将来这一巨大的市场需求的趋势成为现实的时候，你又是这一领域的第一名，你就赚大了。所以定位既要符合独一无二性，又要符合巨大的市场需求性（预见它的趋势）。如果你把握了全世界最大的市场需求的趋势之一，并且你成为这一领域的第一名，你就有可能成为世界首富；如果你把握了全中国最大的市场需求的趋势之一，并且你成为这一领域的第一名，你就有可能成为中国首富，宗庆后、李彦宏他们也是这样成为曾经的中国首富的。

这就是品牌定位的第二大原则：要有巨大的市场需求性。独一无二性最容易成为第一品牌，第一品牌意味着利润最大化，但是利润最大化到底多大？这本身又要取决于你进入的这个细分市场。这个蓝海，无人竞争的领域，其市场需求有多大？我们定位定出来的这个细分市场，这个行业，这个空白，这个蓝海，同时要有巨大的市场需求，这样就能既规避了风险，最容易成为第一品牌，又能够获得巨大的市场需求。

对于这个巨大的市场需求性，我们要做个说明。

这不是说我们大家都能看到的巨大市场需求，大家都能看到的已经有好多人在做了，你不是独一无二的了，你不是蓝海了，所以说需求量虽然很大，但做的人多了，你能得到的就很少了。所以，这个巨大的市场需求性同时符合独一无二性，那一定是讲这个趋势是未来的、巨大的市场需求，今天才呈萌芽状态，所以它是个朝阳产业。那么，这样的需求要被我们发现，是需要洞察力的，一般人是发现不了的，看不到隐形的、将来的市场需求，所以这就要去把握趋势，把握趋势是把握市场需求趋势赚大钱。

品牌必须将自己定位于满足消费者需求的立场上，最终借助传播让品牌在消费者心中获得一个有利的位置。要达到这一目的，首先必须考虑目标消费者的需要。借助于消费者行为调查，可以了解目标对象的生活形态或心理层面的情况。这一切，都是为了找到切中消费者需要的品牌利益点。而思考的焦点要从产品属性转向消费者利益。消费者利益的定位是站在消费者的立场上来看的，它是消费者期望从品牌中得到什么样的价值满足。所以用于定位的利益点选择除了产品利益外，还有心理、象征意义上的利益，这使得产品转化为品牌。因此，定位与品牌其实是一体两面，如果说品牌就是消费者认知，那么定位就是公司将品牌提供给消费者的过程。

消费者有不同类型、不同消费层次、不同消费习惯和偏好，企业的品牌定位要从主客观条件和因素出发，寻找适合竞争目标要求的目标消费者。要根据市场细分中的特定细分市场，满足特定消费者的特定需要，找准市场空隙，细化品牌定位。消费者的需求也是不断变化的，企业还可以根据时势和新产品发展的趋势，引导目标消费者产生新的需求，形成新的品牌定位。品牌定位一定要摸准顾客的心，唤起他们内心的需要，这是品牌定位的重点。所以，品牌定位的关键是要抓住消费者的心。如何做到这一点呢？那就是必须带给消费者以实际的利益，满足他们某种切实的需要。但做到这一点并不意味着你的品牌就能受到青睐，因为市场上还有许多企业在生产同样的产品，也能给顾客带来同样的利益。现在的市场已经找不到可能独步天下的产品，企业品牌要脱颖而出，还必须尽力塑造差异，只有与众不同的特点才容易吸引人的注意力。所以，企业品牌要想取得强有力的市场地位，它应该具有一个或几个特征，看上去好像是市场上"唯一"的。这种差异可以表现在许多方面，如质量、价格、技术、包装、售后服务等，甚至还可以是脱离产品本身的某种想象出来的概念。这也就是要符合定位的独一无二性。

市场实践证明，任何一个品牌都不可能为全体顾客服务，细分市场并正确定位，使品牌赢得竞争的必然选择。只有品牌定位明确，个性鲜明，才会有明确的目标消费层。唯有明确的定位，消费者才会感到商品有特色，有别于同类产品，形成稳定的消费群体。而且，唯有定位明确的品牌，才会形成一定的品位，成为某一层次消费者文化品位的象征，从而得到消费者的认可，让顾客得到情感和理性的满足感。要想在竞争中脱颖而出，唯一的选择就是差异化，而定位正是战略达到差异化最有效的手段之一。企业如不懂得定位，必将湮没在茫茫的市场中。所以，定位的独一无二性是非常重要的。

企业评估细分市场的核心是确定细分市场的实际容量，评估时应考虑三个方面的因素：细分市场的规模，细分市场的内部结构吸引力和企业的资源条件。

潜在的细分市场要具有适度需求规模和规律性的发展趋势。潜在的需求规模是由潜在消费者的数量、购买能力、需求弹性等因素决定的，一般来说，潜在需求规模越大，细分市场的实际容量也越小。但是，对企业而言，市场容量并非越大越好，"适度"的含义是个相对概念。对小企业而言，市场规模越大需要投入的资源越多，而且对大企业的吸引力也就越大，竞争也就越激烈，因此，选择不被大企业看重的较小细分市场反而是上策。

决定细分市场实际容量的最后一个因素是企业的资源条件，也是关键性的一个因素。企业的品牌经营是一个系统工程，有长期目标和短期目标，企业行为是计划的战略行为，每一步发展都是为了实现其长远目标服务，进入一个子市场只是企业品牌发展的一步。因此，虽然某些细分市场具有较大的吸引力，有理想的需求规模，但如果和企业的长期发展不一致，企业也应放弃进入。而且，即使和企业目标相符，但企业的技术资源、财力、人力资源有限，不能保证该细分市场的成功，则企业也应果断舍弃。这就是我们接下来要讲的品牌定位的第三项基本原则：要适合我们自己。

第三节
适合自己：首富都符合定位的三项基本原则

品牌定位的第三项基本原则就是适合性。要么适合我们的产品，要么适合我们的企业，要么适合我们这个人，适合就是要我们能够做得到，做不到的话，你的独一无二性也就没用了，这个巨大的市场需求性也不属于你了。

假如我们找到了独一无二性和巨大的市场需求性，但如果不适合我们——不适合我们的产品特性，不适合我们的企业资源，不适合我们的企业家和团队，那再好的东西也与我们无关。

适合的才是最好的，适合的才是可行的，适合的才是风险小的。

符合这三项基本原则，就能达到轻松赚大钱——风险最小化、利润最大化，这是我们做企业所追求的最高境界。

我们来举例说明，第一个例子，比如说比尔·盖茨为什么能够成为世界首富？我们从定位的角度来分析，他当时在做软件的时候，是有人干的，但是这个独一无二是说还没有品牌，因为他在干的还不为人所知，不为公众所知晓，那么比尔·盖茨来干，就意味着他先让公众来知晓，抢先成为一个品牌，这也属于独一无二性。

首先，比尔·盖茨在做软件的时候，是硬件一统天下，硬件有惠普、IBM、戴尔，硬件厂家的竞争已经白热化了，这个时候比尔·盖茨去做软件，他是进入了一个独一无二的蓝海，无人竞争的市场，一个空白的领域，符合定位的独一无二性。

其次，软件的需求是很大的，这是全世界最大的市场需求之一。那么比尔·盖茨早早地进入了，从而让他成为了第一品牌。在全世界最大的市场需求领域，他成了第一品牌。

最后，比尔·盖茨适合做软件，因为他在哈佛大学就是学软件的。这三个基本原则全部适合他，所以比尔·盖茨成了世界首富，就这么简单。

第二个例子是沃尔玛老板成了世界首富，他也符合三个定位的基本原则。

第一，沃尔玛老板什么时候开始做超市？他是在 20 世纪 60 年代，那个时候都是生产导向，都在开工厂，办企业做生产的，超市还没有形成一种品牌，所以他去定位做超市，他是独一无二的。

第二，他去做超市、做销售，掌握终端渠道，有巨大的市场需求性，甚至是世界上最大的市场需求性，这个需求被沃尔玛老板抓到了。

第三，沃尔玛老板适合做超市，他很善于精打细算。要让比尔·盖茨来做超市，肯定不适合他干。这三个基本原则，他们都符合，所以他们成了世界首富。

第三个例子是沃沦·巴菲特，巴菲特所做的事本质是在干整合的事情。一方面，把全世界的企业当成他的，但不具体去做哪家企业，投资，这不就是整合吗？另一方面，他把全世界的资金都看作他的，他没钱，他是把别人的钱拿来投资，是帮别人投资的。他做的这个事情就叫整合。

第一，整合在 20 世纪 60 年代是没有人干的，他是独一无二的，在那个年代整合还鲜为人知，人们还不知道什么叫整合，不知道整合有这么大的需求。所以巴菲特定位于整合，他是独一无二的。

第二，整合的市场需求很大。世界经济由各自为政向着整合发展，沃沦·巴菲特掌握住了。那么，巴菲特适不适合干整合呢？他是个投资天才，干整合太适合了。所以，他成了世界首富。

这三个定位的原则可以解释世界首富的诞生，同时也可以解释中国首富的诞生。

中国首富杨国强，是民营企业的房地产大王，首先，他是在 1995 年之前就涉足房地产，这是符合独一无二性的。今天房地产谁都知道赚钱，在 1995 年之前，1993 年经济泡沫进入低潮，那个时候谁也看不到，杨国强的碧桂园根本就卖不出去。那个时候杨国强就开始做房地产，他是独一无二的。

其次，房地产的市场需求之大，是中国最大的市场趋势。你想想，从 1990 年到今天，全国人民从住房不要钱到花钱买房子，这是多大的需求？而且中国人那么多，地那么少，房价一路上涨。他做的最早，当然他能成为第一品牌，所以他无疑会成为中国首富。同时，房地产适不适合他？杨国强本来是个建筑工人，是个包工头，就是在盖房子，所以他适合做房地产。三者符合，成全了他这个中国首富。

再看黄光裕，他成了中国首富，他也是符合这三个原则的。

第一，黄光裕先干的是超市，是卖东西的，在 20 世纪 80 年代他开服装店，后来家电生产企业越来越多，他开国美电器店，成了家电零售巨头。他把握了一个大的趋势，而且是独一无二的，那个时候还没有家电零售连锁品牌。

第二，黄光裕把握了两个大趋势：一是生产向销售发展的大趋势，渠道为王、终端为王时代来临的大趋势。二是电器进入家庭的大趋势，所以他蝉联中国几届首富。当然，黄光裕后来还搞房地产经营，搞证券投资，这些都是大趋势，他把握了三个中国最大的趋势，所以他当中国首富的时间最长。

第三，黄光裕适不适合卖电器？黄光裕是潮州人，从小就开店，做生意很有一套。黄光裕完全符合三个定位的条件：独一无二性、巨大的市场需求性及适合性。

再如，比亚迪老板王传富，他成了中国首富，他也是符合定位的三个基本条件的。他早早地就在做汽车了，而且早早地就做电动汽车，这就是独一无二性。汽车进入中国这也是趋势，中国人除了房子以外，最大的购买品就是汽车。继房地产第一首富杨国强之后，做汽车的王传富也成为中国首富。

再来看卖水的娃哈哈老板宗庆后成为中国首富。他符合独一无二性，娃哈哈 30 年前开始卖水，符合独一无二性。而水这个东西是我们大家离不开的，饮食，水比吃饭还重要，这么大一个市场需求的趋势被宗庆后把握了，他当然会成为第一名，也当然会成为中国首富。

第四节
奔驰、宝马、沃尔沃：看世界名车是如何定位的

　　奔驰是怎样定位的？奔驰被认为是世界上最成功的高档汽车品牌之一，其完美的技术水平、过硬的质量标准、推陈出新的创新能力以及一系列经典轿车、跑车款式令人称道。奔驰已成为世界上最著名的汽车及品牌标志之一。有的人提到奔驰汽车，首先想到的便是豪华，目标是让你坐着享受或者显示权威的豪华。其次是高品质。所谓高品质就是要质优价高，以品质求生存，以品质求发展，公司的决策者认为：高品质与人员的高素质是成正比的。

　　从一开始，奔驰轿车就在质量、技术、豪华诸方面成为汽车工业的楷模。如今，奔驰在全球有 640 万客户拥有大约 950 万辆奔驰轿车。在 1900 年，DMG 全年只生产了 96 辆汽车。所有工序几乎全由 344 名工人以手工完成。汽车组装线于 1913 年投入使用，从此为低成本批量生产汽车铺平了道路。从 Jellinek 在 1900 年的第一份订单开始，奔驰至今已制造出 1900 万辆轿车，1999 年首次突破年销售 100 万辆轿车的大关。"励精革新"是奔驰的格言。奔驰公司一直屹立于技术开发的最前沿，致力于创造更安全、更清洁、更高效的汽车。奔驰为许多革新成果做出了重要贡献，包括防抱死制动系统、ABS、安全气囊、主动悬挂系统，

以及陶瓷制动器等——这些技术成果已保护了无数的生命。每一辆奔驰轿车都体现了这个品牌独特的设计理念。从 S 级到 E 级、C 级、SL、SLK、CLK、CLS 或者 M 级，无论是哪一款流行车型，只要看一眼就足以令人相信，奔驰不仅代表各种类型汽车的最高制造境界，而且标志着设计质量的最高水准。作为轿车来讲，奔驰的地位已经是统治级了。

在汽车成为产品同质化的大路货的时代，奔驰汽车将自己定位为"尊贵"，在当时"尊贵"的定位是独一无二的，它们是第一个这样定位的，从而让它成了"尊贵"这一汽车细分市场的第一品牌；买汽车的人往往需要彰显身份和地位，这个需求大不大？大，有巨大的市场需求，在这一细分市场领域成为第一品牌，当然足以使它成为一个世界级的大品牌、大企业了。

那么，这一定位是否适合奔驰呢？奔驰是不是尊贵的呢？或者说能不能做到是尊贵的呢？当然能，首先，奔驰是世界豪车，本身就是尊贵的。其次，假如它还不够尊贵，奔驰汽车公司能不能把它做得更尊贵呢？当然能，这是不言而喻的。所以尊贵的定位是适合奔驰车的。明确了这样的定位之后，奔驰汽车公司反过来以这一定位指导企业的整个生产经营活动，包括研发，使得奔驰汽车更加符合这样的定位。

再说宝马车，宝马也是轿车，也是可以彰显尊贵的，但是尊贵奔驰已经说过了，宝马如果再定义为尊贵就违反定位的独一无二性了，奔驰是第一尊贵，消费者有了第一尊贵可选，他干吗要去买第二尊贵？所以定位是不能学的，学就没用。当宝马跟奔驰定位一样的时候，宝马就在跟奔驰的竞争中败下阵来，后来宝马就不跟奔驰学了，而是重新定位于发动机性能好，有驾驶的乐趣，开起车来非常舒服，你奔驰彰显尊贵，我宝马就彰显我的发动机性能优异和驾驶的乐趣，这就是宝马车独一无二的定位。

　　那么驾驶的乐趣的市场需求大不大？很大，很多人开车希望享受开车的乐趣，这个市场需求很大，具有巨大的市场需求。宝马成了这一细分市场的第一品牌，当然会成为世界级的大品牌、大企业了。驾驶的乐趣宝马车有，如果没有的话也可以造成有的，"适合我们自己"这一条也是符合的。

　　品牌策划要求企业的所有价值活动特别是营销传播活动都要围绕以核心价值为中心的品牌识别来展开，即任何一次营销或广告活动都要尽量体现、演绎出品牌识别，从产品研发、包装设计、电视报纸广告、新闻软文、POP 等任何与公众、消费者沟通的机会，都要去演绎出品牌识别。

　　宝马是在这一品牌策划原则指导下，用品牌核心价值全面统领一切营销传播活动的成功典范。宝马的品牌核心价值是"驾驶的乐趣和潇洒的生活方式"。因此，宝马总是不遗余力地提升汽车的操控性能，使驾驶汽车成为一种乐趣、一种享受。

　　宝马的整个研发与技术创新战略都清晰地指向如何提升汽车的驾驶乐趣。最新的 7 系代表着杰出的工程设计、前沿的科技创新、无法比拟的震撼力、纯正的驾驶乐趣，是宝马品牌价值的最好诠释。宝马新 7 系手动模式下，取代自动排挡杆的是位于方向盘右上角，一个精巧的"变速柄"。换挡时，双手可不离方向盘，使驾驶更简便，更有乐趣。宝马的外观也栩栩如生地体现出品牌的核心价值，体现出潇洒、轻松的感觉，与很多豪华车十分庄重的特点形成鲜明的反差。宝马新 7 系采用全新造型设计理念：均衡的动感、古典式的优雅、跑车的轮廓和完美的线条组合，尽显豪华气派而不失流畅和动感。宝马 3 系列敞篷车和运动型多功能车 X5 是宝马家族的新宠，以浪漫和实用将力量、典雅和乐趣集于一身。

而宝马的广告传播也总是极尽所能地演绎出品牌核心价值，如宝马有一则非常幽默、有趣的广告，标题是"终于，我们发现了一个未能享受 BMW 驾驶乐趣的人"，原来这个人是个机器人，寓意宝马把很多功能智能化，相当于有个机器人把驾驶者的复杂操作分担了，所以机器人未能享受驾驶的乐趣而很辛苦，驾驶者则享受了前所未有的驾驶乐趣。宝马不仅在广告中淋漓尽致地紧扣品牌核心价值，而且创造性地通过品牌延伸推广新产品来低成本地传播品牌精髓。

正因为宝马用核心价值统帅一切营销传播，成功地把"驾驶的乐趣和潇洒的生活方式"的品牌精髓刻在了消费者的大脑深处，所以宝马车的购买者更多的是行业新锐、演艺界人士、富家子弟和活力、激情、心态比较年轻且喜欢自己开车的成功人士。

如果企业能实实在在地按上述方式不折不扣地始终以品牌核心价值为中心的品牌识别作为灵魂统帅企业的一切价值活动，就会使消费者任何一次接触品牌时都能感受到品牌识别的信息，久而久之就会烙下深刻的印记。

符合三项基本原则的正确定位使宝马走向了成功，走向了辉煌。所有大品牌的诞生都是因为有这样的定位。

再说沃尔沃，也是世界品牌。沃尔沃，英文名为 Volvo，瑞典著名汽车品牌，该品牌汽车是目前世界上最安全的汽车。Volvo 公司的创始人从公司创建之初就在强调汽车的使用安全。在售出第一辆汽车之前就对 Volvo 轿车进行了首次撞击试验。那还是在 1926 年，在美丽的斯德哥尔摩至哥得堡的公路上，九辆 Volvo 原型车中的一辆就与一辆美国的轿车进行了正面撞击试验。结果，进口的美国轿车几近成为一堆废铁。而 Volvo 车只有几处撞击的伤痕，车子大体上安然无恙。从此，Volvo 轿车就树立了安全轿车的形象。Volvo 轿车的设计真正形成传统，是始于 PV444 型轿车的设计。这款车体现了 Volvo 的自信心。它的体积要比美国轿车小，但要比当时流行的欧洲小型轿车大一些，而且更加富有动感，该车为 Volvo 进入美国市场立下过汗马功劳。PV444 轿车内部宽敞、动力强劲，获得"家庭运动车"的美誉。此后不久，这款车也得到赛车手们的青睐，在那以后的很多日子里，只要有 Volvo 轿车参加，其他选手有时就会拒绝参加比赛，因为这对他们来说只能是浪费时间和汽油。

安全就是沃尔沃的定位，这也是独一无二的；安全的市场需求大不大？太大了，谁不希望安全呢？开车不安全谁还敢开呢？这个需求也是很大的，沃尔沃成为安全汽车的第一品牌，成为全世界最安全的汽车，它当然也是世界级的大品牌、大企业了。那么，沃尔沃是不是安全的呢？当然是，如果它不够安全，可以不断地研发，不断地去改进让它更安全。而沃尔沃也是这样做的，三个基本原则都符合。

汽车行业是这样，其他行业也一样。

第五节
可口可乐、百事可乐、王老吉、七喜：看饮料企业如何定位策划

我们再来看看饮料行业，也是这样的。可口可乐成为美国第一个可乐，是最正宗的，是卖给所有人喝的，这是可口可乐的定位。

可口可乐的配方自 1886 年在美国亚特兰大诞生以来，据说已保密达 120 年之久。法国一家报纸曾打趣道，世界上有三个秘密是为世人所不知的，那就是英国女王的财富、巴西球星罗纳尔多的体重和可口可乐的秘方。

后来百事可乐来了，也是卖给所有人喝的，也是正宗的，那到底谁正宗呢？人家可口可乐先入为主，可口可乐是正宗的、是老牌的，是第一名，百事可乐把可口可乐反定位成老年人喝的饮料，而把它自己定位成给年轻人喝的饮料，叫年轻一代的选择，这不就具有独一无二性了吗？那么，年轻人多不多呢？年轻人不断地诞生，太多了，年轻人喝饮料喝得更多，有巨大的市场需求。为了传达可口可乐是给老年人喝的，百事可乐更适合年轻人喝，百事可乐公司就创造出很多激情四射的形象画面，并邀请许多摇滚明星来拍广告片，号召追星的年青一代来喝百事可乐，这就使得百事可乐更适合年轻人喝了，结果它成功了。

而中国人自己生产的"天府可乐"、"非常可乐"都死掉了，为什么

死掉了呢？因为它们的定位与可口可乐是一样的，仅仅是可乐而已，而可乐已经有两个大品牌了，再定位可乐，没有差异化。虽然娃哈哈号召中国人都来喝中国人的可乐，为什么中国人非要喝你的可乐呢？正宗的可乐在中国市场上已经有两个家喻户晓的品牌了，干吗要喝你的可乐？

王老吉为什么成功？

第一，王老吉的成功也在于定位。

王老吉凉茶创立于清道光八年（1828），王老吉凉茶的创始人王泽邦是广东鹤山桃源镇钱塘人，其小名叫"阿吉"，又名王阿吉。王泽邦本务农为生，当时地方瘟疫流行，王泽邦不忍生灵涂炭辞家出走，遍访名医，历尽艰辛，甚至不惜以身试药，曾中毒昏倒，途中巧遇一道士传授药方，王泽邦生性聪明，将其教授的汤头歌诀运用得滴水不漏，并依照药方煮茶，帮助百姓治病。很多人饮用后立见其效，阿吉凉茶很快就名声远播。由于王泽邦的侠义心肠，被称为"药侠"。清道光年间，王阿吉与其子对凉茶配方不断探索，以岗梅根、金樱根等10余种山草药，配制成独家凉茶。

1828年，王泽邦在广州市开设了第一间"王老吉凉茶铺"，诊病兼卖药，声望日高。专营水碗凉茶，成为王老吉品牌的起源点。王老吉凉茶配方合理，价钱公道，因而远近闻名，被公认为凉茶始祖，有"药茶王"之称。

1838年8月，湖广总督林则徐受命入粤，却因不敌南方湿热天气而病倒，四处求医未果，唯由三剂王老吉凉茶治愈，林公感激不已，遂赠刻有"王老吉"三字的铜葫芦一只，寓意"悬壶济世，普救众生"。

1840年，王老吉以前店后作坊的形式同时供应王老吉水碗凉茶和茶包，数年后增设"王老吉成记"、"王老吉祥记"、"王老吉远恒济"三家分店。此后，不但广州的大街小巷有百余家王老吉点档热卖，而且粤、桂、湘、沪乃至海外有华侨的地方都有王老吉凉茶出售，以至于梁启超在《新大陆游记》中曾设专章记载王老吉凉茶受欢迎的盛况，足见其风行远播的程度。

到了近代，王老吉凉茶更随着华人的足迹遍及世界各地，1925 年，王老吉凉茶包还参加英国伦敦展览会，成为最早走向世界的民族品牌之一。在民间上百年前就有"王老吉，称第一，解热气，防百疾"的民谣，而"老老实实王老吉"也被消费者口碑相传至今。

王老吉定位为凉茶，凉茶是一个新品类，具有独一无二性。

第二，凉茶的市场需求大不大呢？看起来凉茶市场好像很小，因为凉茶是属于广东地区的地方产品，具有地域局限性，其实凉茶的功能是祛火，而祛火是内在的降温，其市场是很大的。可乐、汽水、冰棍都很解渴，但那是表面凉爽，内里没有降火，所以可能越喝越想喝。而凉茶是真正的内在降温、祛火，同时它外在也是解渴的，外在解渴和内在降温结合在一起，从内到外解渴祛火，所以它的市场需求是很大的，它能超过两大可乐品牌成为销量第一的饮料，就是因为它的市场需求比单纯的表面解渴要大得多。

第三，王老吉运用中草药配方祛火，有 100 多年历史，它是能预防降火的，所以这一定位也是适合王老吉的。

我们再来讲一个外国的饮料品牌七喜，七喜是怎么定位的呢？它的定位与两种可乐区别开来，它说它是非可乐，然后又说可乐含有咖啡因，对身体健康不利，可乐是碳酸饮料，它是非可乐，非可乐就具有独一无二性了。人们对健康的需求是很大的。它确实是非可乐，不含咖啡因，这样的定位也是适合它的。所以它也成功了。

万宝路，第一，最初的定位是卖给所有人抽的烟，男人可以抽，女人也可以抽，所有人都可以抽。结果谁也不抽，失败了，后来重新定位为只给牛仔抽，牛仔是男人中的男人，是极少数人，现在牛仔都绝迹了，结果却成功了，这是定位的独一无二性的成功。第二，牛仔代表的是男人中的阳刚之气，这是男人所追求的，也是女人所追求的，所以男人也抽，女人也抽，市场需求很大。第三，万宝路适不适合男人、女人都抽？当然适合，男人喜欢牛仔，女人也喜欢牛仔，既适合男人，也适合女人，所以这一定位是适合的。万宝路定位为男人中的男人，所以它成功了。

每一个成功的大品牌，其实都是定位的成功。定位的三项基本原则——独一无二性、巨大的市场需求、适合我们——这是打造品牌的第一步，换句话说，这样的定位方法，可以使中国企业突出重围，可以最小风险、最容易地成为第一品牌。市场是不断细分的，人们的需求是个性化的，首先，定位可以无限地细分，定位就是在寻找产品本身的独一无二性，或者赋予产品以独一无二性，其次是消费者本身就需要个性化差异化的产品，你把这个东西确定下来，就是定位。

定位为什么是普遍适用的？定位能够拯救中国所有的企业，让它们都突出重围吗？是的。因为细分市场是无限的，产品的类别是可以无限细分的，人的需求是无限个性化的，人们不断地产生新的需求，这也是无限的，这个无限就使得我们的产品可以有无限多的细分品牌，这就解决了中国品牌的问题。

中国这么多产品怎么可能都成为品牌呢？都成为品牌不现实吧？再多的产品也可以成为品牌，因为每一个事物都是独一无二的，因为市场是可以不断细分的，因为人们的需求是无穷无尽的，这就决定了我们可以去塑造独一无二性。

第五章

做强做大企业的不二法则之二：
品牌命名策划

　　不管是传统行业，还是互联网行业，如果你想建立一个持久的品牌，让品牌少走一些弯路，就要想着在一开始封死模仿者。在为自己的新产品做品牌命名的时候，倘若你想做到某个细分行业的"老大"，让消费者一想到某个品类，就想到你的品牌，那么，你就需要仔细斟酌你品牌命名的方式了。

第一节
品牌传播如何少花钱并达到更好的传播效果

品牌需要传播，而传播需要花钱，如何才能少花钱并达到更好的传播效果？品牌本身的策划需要先做到位。

品牌策划指人们为了达成某种特定的目标，借助一定的科学方法和艺术，为决策、计划而构思、设计、制作策划方案的过程。深层次表达是：品牌策划就是使企业品牌或产品品牌在消费者脑海中形成一种个性化的区隔，并使消费者与企业品牌或产品品牌之间形成统一的价值观，从而建立起自己的品牌声浪。

品牌是需要传播的，传播本身需要品牌策划到位，因为品牌的名称、符号、品牌标识，这本身就是一种传播的载体。所以我们在讲传播的时候，首先要讲品牌的策划本身。品牌策划必须掌握两个基本要素——产品定位与品牌命名。品牌命名有很多技巧，品牌名称是否产生"一眼望穿"效应，最大限度地提高公众的"直接联想力"，让众人在短短几秒钟内知道品牌的含义，这是品牌策划中成功品牌的基本特征之一。品牌名称需要对历史、文化、风俗、习惯、民族心理及现代意识有全面的把握。同时，品牌名称还应重视韵律感、视觉美、寓意美、个性化。品牌策划最基本的就是品牌的命名策划，品牌的符号、标识设计。

关于品牌的命名，我们在前面已经讲了很多案例，品牌命名很重要。名字没有取好就去传播，就要浪费大量传播费用。比如，彼阳牦牛骨髓壮骨粉冲剂，用这样的品牌名去传播，浪费的钱就太多了；传播万虹，消费者还是不知道卖的是学生学习用品；传播飞翔，结果跟厨具背道而驰；等等。这些都属于品牌策划不到位。

正因为品牌是用来向目标消费者传达一个产品或一项服务的内涵的，而一个产品或一项服务的内涵是什么又是由定位来决定的，所以，品牌命名的策划要置于定位之后，这与孔老夫子所说的"名不正而言不顺"，与我们企业家们通常的做法——上来就取名字——是不一样的。名要正要先定位。"名不正则言不顺"是对于接下来要进行的传播而言的，但名要正却要先定位。

成功的定位与品牌策略，会为产品未来的发展扫平很多未知的困难。这不仅适用于传统行业，也同样适用于互联网行业。很多品牌战略定位都不得不耗费重金砸广告，来提升知名度和市场声量。随着社会化媒体近年来的兴起，大家似乎看到了希望，认为通过网络的社会化媒体，能用更少的投入获得更好的市场效果。

第二节
品牌命名策划：一个好名字是品牌成功的一半

如何在竞争激烈的市场中脱颖而出？无疑，名字就是一块"敲门砖"，好的名字能敲开消费者的心门，成为消费者愿意购买产品的重要原因。品牌策划首先要来揭示品牌命名的一些基本原则。

1. 通俗易懂：品牌命名策划的第一项基本原则

品牌为什么要通俗易懂？这是有深刻道理的，是由品牌的本质所决定的。所以我们要从什么是品牌说起。

笔者认为，从品牌最基本的本质出发，品牌的定义只要回答三个问题：品牌是什么？是用来干什么的？它的目的是什么？品牌是什么？品牌是一个名称、一个符号、一个标识。品牌是用来干什么的？品牌是用来代表我们的产品或服务的内涵的。品牌的目的又是什么？品牌的目的是让目标消费人群通过品牌名称、品牌的符号、品牌的标识来认知它所代表的产品或服务的内涵。这是品牌最基本的定义。

美国营销协会对品牌的定义是这样的：品牌是一种名称、术语、标记、符号或设计，或是它们的组合运用，其目的是借以辨认某个生产者或某个生产者的产品或服务，并使之与竞争对手的产品和服务区别开来。品牌对于一个企业来说是至关重要的市场竞争、建立品牌忠诚度、树立鲜明形象的重要保证。

从品牌最基本、最本质的定义上讲，品牌的通俗易懂，最容易让人们明白其所代表的内涵是什么，这是最好的，既然我们的目的是要用品牌来把我们的产品或服务的内涵传播给消费者，那么这样的名称、这样的标识、这样的符号，通俗易懂是最好的，我们花的广告费、传播费是最节省的。

因为我们所传播的对象是消费者，通俗易懂的做法是根据目标消费者地域、文化、习惯等的不同而有所区别，可以有很多种方法，但传播的本质应该是通俗易懂的，这会使传播更容易到达消费者。

唐代诗人白居易写诗，力求贴近老百姓的生活，通俗易懂。据说他每写一首诗，必对家中老妪诵读，老太太能理解的就抄录，不明白的就重写。品牌命名也一样。试想，产品最终是要卖给普通老百姓的，如果老百姓无法理解你的品牌含义，又怎么会买你的产品呢？而你去解释就要花更多的钱了。

所以品牌命名的第一项基本原则就是通俗易懂，新颖独特的名字能迅速吸引消费者注意。TATA 木门，原名为"闼闼木门"，因为"闼"字生僻难懂，后来公司改名为 TATA，也首开木门品牌英文名之先河，既没有改变发音，又显得时尚，配以"我的 TATA 我的家"这一广告语，通俗易懂，新颖独到，品牌已深入人心。

2. 便于记忆：品牌命名策划的第二项基本原则

品牌命名的第二项基本原则是要便于记忆。便于记忆是什么意思？为什么要便于记忆？

消费者是怎样购买产品的呢？他们到商场、超市的时候，在琳琅满目的商店里挑选产品，突然觉得某个产品、某个品牌似曾相识，这时他就会格外注意，就会去重点关注，就会去看说明书，看了不错，就决定购买。品牌传播给消费者留下了记忆，留下了记忆，消费者才能够想得起来，如果没有记忆，说明我们的传播是没有效果的。如果一个品牌的名称便于消费者记忆，岂不是可以节省传播费用？所以，我们在给品牌命名的时候就要做到便于消费者记忆，以便节省传播费用。

要让消费者留下深刻的记忆，最好的办法就是产品的品牌是便于记忆的，便于记忆意味着产品品牌的传播费用会大大节省。福建七匹狼SEPTWOVES（男士服装与香烟），品牌命名就是借用了一部中国台湾电影《七匹狼》的名字，巧借其名，并且深入地进行品牌文化挖掘，将狼的勇敢、自强、桀骜不驯等特征与目标人群风格紧密联结，再往前"借"一步，聘请中国台湾知名歌手齐秦（当年以流行歌曲《北方的狼》成名）做品牌形象代言人，使此狼与彼狼相互映衬、大红大紫、大行其道。

七匹狼商业品牌的视觉化处理也非常具有特色和个性化，一只奔跑前行的狼的剪影，再通过电视广告让齐秦去演绎具有狼的精神的都市故事，积极把握时事热点、一路跟踪最热门的焦点，进一步深入借势造势进行品牌经营，打造商业品牌的成功神话！

借电影和歌曲取名是为了利用消费者已有的记忆，运用的是便于记忆这一法则，同时借电影和歌曲来传播，这也是利于传播的做法，而用狼来代表男装，品牌的联想与定位的内涵相一致，而且通俗易懂。

3. 利于传播：品牌命名策划的第三项基本原则

品牌是用来传播的，俗话说口碑相传，所以品牌本身，如品牌名称、符号、标识要利于传播，才可以少花钱。如果品牌本身不利于传播，名字很拗口，如彼阳牦牛骨髓壮骨粉冲剂，谁会去将它口碑相传呢？不利于传播的品牌人们就不会去传播，就会浪费大量广告费。

为什么脑白金这么容易打响呢？因为它利于传播。为什么美乐通宁、褪黑激素不容易打响？因为它们不利于传播。名字不利于传播，就阻碍了品牌的传播，如果你非要去传播，就要花很多钱，这就要浪费钱了。

在品牌策划上，一个成功的品牌之所以区别于普通的品牌，其中一个很重要的原因就是：成功的品牌拥有家喻户晓、妇孺皆知的知名度，消费者在消费时能够第一时间回忆起品牌的名称。因此，对于品牌的命名来说，首先是要解决一个品牌名传播力的问题。也就是说：不管你给产品取一个什么样的名字，最重要的还是要能最大限度地让品牌传播出去！要能够使消费者，尤其是目标消费者记得住、想得起来是什么品牌！只有这样，品牌的命名才算得上是成功的；否则，就算你给产品取一个再好听的名字，但传播力不强，不能在目标消费者的头脑中占据一席之地，消费者记不住，想不起来，这也只能算是白费心机。

品牌的传播力强不强取决于品牌名词语的组成和含义两个因素，两者相辅相成、缺一不可。在保健品里，脑白金就是一个传播力非常强的品牌名。同时，脑白金这三个字朗朗上口、通俗易记，而且这三个字在传播的同时将产品的信息传递给了消费者，使人们在听到或者看到脑白金这个品牌名时，就自然而然地联想到品牌的两个属性：一个是产品的作用，另一个是产品的价值。正因为如此，有了这个传播力极强的品牌名的广泛传播，脑白金能在一个月内卖掉 2 亿元也就不足为奇了。当然，脑白金的成功还有很多因素，但如果把脑白金命名为：××牌褪黑素，又或者叫××美乐通宁，诸如此类的名字，那情况又会怎样呢？结果当然是不言而喻了。所以说，给品牌命名，传播力是一个核心要素。只有传播力强的品牌名才能为品牌的成功奠定坚实的基础。

4. 品牌的联想与内涵要一致：品牌命名策划的第四项基本原则

品牌命名策划的第四项基本原则是品牌的联想要与它所代表的产品或服务的内涵相一致。人类是有知识积累的，一个名称、一个符号、一个标识，其本身就有一个约定俗成的概念内涵在里面。无论是品牌的名称、符号、标识，它都是人类的一种知识的积累，都有约定俗成的概念或内涵，当人们看到或者听到一个品牌的名称或符号或标识的时候，他自然而然地就会产生一种先入为主的联想，所以当我们用它们来作为品牌名的时候，就要看这些品牌名称和符号给人的联想是否与我们想要表达的产品或服务的内涵相一致。相一致的名字就是好名字，不相一致的名字就不是好名字。

听到飞翔，人们就会联想到天上飞的，如飞机、火箭、神七、神八等，这是人们已有的知识积累告诉他们的，人类对这样的文字本来就已经有了一个约定俗成的概念，人们怎么也不会想到地上的厨具，这就叫背道而驰。所以如果是用飞翔来命名厨具，就不是一个好名字。正确的做法是找两个能够代表厨具内涵的字来表达，而不是赋予已有的文字以新的内涵，如叫方太，方太就是方太太，太太大家都知道是要在厨房做饭的，所以用在厨具上是最好不过的了。品牌的内涵和联想相一致，方太成功了。

汽车跨国公司给自己的产品命名，一般都是采用国际通行的拼音文字，大多用字母组成。但是这些车到了中国市场，为了让广大的中国消费者便于接受，起一个恰当的中文名字便是一条捷径。

"奔驰"在若干年前在国内的称呼曾经是"奔斯"，读音更接近这个品牌的原文——MERCEDES-BENS 中的后一个词。在中国香港，人们把这个品牌的车叫"平治"。BENS 是一个德国人的名字，他是最早发明汽车的人。MERCEDES 是一个女孩儿的名字，她的父亲是一个对汽车倾注热情的外交官，100 多年前，这位外交官提议用自己女儿的名字给一辆自己定做的汽车命名，他认为一辆好车得有一个迷人的名字。果然 MERCEDES-BENS 成了名扬世界的汽车品牌。这个品牌的中文名称现在是"梅赛德斯—奔驰"。其中"奔驰"一词在中文中更适合一辆车的名字。显然，奔驰给人的联想与汽车相关，而且跑得快，是一辆好车，与奔驰的定位的内涵相一致，同时通俗易懂、便于记忆、利于传播，符合品牌命名的四项基本原则，是个好名字。

"宝马"一词在中文中也有很好的意思，宋词中有"宝马雕车香满路"这样的名句。用"宝马"作为德国 BMW 汽车品牌的中文名字，堪称绝配。宝马给人的联想与定位相一致，同时通俗易懂、便于记忆、利于传播，符合品牌命名的四项基本原则，是个好名字。BMW 在中国以外的地方只有一个名字，就是"BMW"这 3 个字母的英文发音，BMW 是德文"巴伐利亚的发动机工厂"三个词的缩写。宝马汽车中国公司的官员说，他们十分珍视"宝马"这个 BMW 的中国名字。

"宝马"是大家公认的好车名。但是要把这两个字做成镀铬汉字贴在国产宝马轿车的尾部，恐怕不会被买车的用户接受。车名的本土化便于汽车品牌的口头和书面传播，并不适合贴在车身上。车身上最显著的是品牌标志，如奔驰的三叉星。车身上贴着的车名目前多数采用国际通行的拼音文字，欧美品牌的汽车自然是这样，日本、韩国的汽车即使在本国销售，也没有把日文、韩文的车名贴在车身上。就像英文是国际通行的商业语言一样，车名的国际化也是一个趋势。

宝马汽车中国公司的马庆生先生回忆起当年他把"LAND ROVER"翻译成中文名"陆虎"时说："当时我思考了很久，因为当时德国 BMW 集团收购了英国的 ROVER 汽车公司，而 BMW 在中国有'宝马'这个名字，作为一个家族的'LAND ROVER'品牌的中文名字中最好有一个和'马'相对应的动物。"于是他想出用"陆虎"这个词来命名"LAND ROVER"。他说，虎在中国文化中是一个很好的象征。用"陆虎"给一款越野车命名对中国消费者来说，非常容易接受。但是公司内的外国人开始并不理解："ROVER"这个词并没有"虎"的意思啊！

后来，宝马集团把"LAND ROVER"这个品牌卖给了福特汽车公司。"陆虎"也改名叫"路虎"了。福特汽车（中国）公司还为此发表了一个很短的"声明"：公司旗下的品牌之一，"LAND ROVER"原译名为"陆虎"，现在中国注册名称为"路虎"。车名的读音没变，只是把"陆"改为"路"，无论是"陆虎"，还是"路虎"，品牌联想都是与内涵相一致的，越野车当然开起来就像是陆地上的老虎，或者说道路上的老虎，联相与内涵一致，同时，"陆虎"或"路虎"都符合通俗易懂、便于记忆、利于传播的品牌命名原则。品牌命名的四原则，全部符合，因此是个好名字。

上海通用汽车生产的别克"君威"和"凯越"，是两个有中国文化内涵的车名。中国的消费者喜欢这两个有中国特色的车名，车主们在称呼自己的爱车时，甚至省略了"别克"这个品牌的名字。但是你在这两个车的车身上，看到的名字分别是"REGAL"和"EXCELLE"。一汽—大众生产的"宝来"，也是一个大家喜欢的车名，就像邻居家小伙儿的名字。但是这个名字可以叫，可以写，如果贴在车上，就有点儿那个了。

好车名有利于品牌的传播和推广，成功的汽车品牌必须面向国际市场，日本丰田的全球畅销车"花冠"，借用了英文 COROLLA 一词。当然"花冠"的畅销是因为物美价廉，而不是因为名字漂亮。"陆虎"和"凌志"也是由于车子本身过硬，才广为人知。这再一次说明了品牌命名要与定位的内涵相一致，定位在先，命名在后，如果产品的内涵本身就没有市场，光叫一个好名字是没用的。

早年曾宪梓先生以制造领带起家，最初品牌命名为"金狮"（GoldLion），怎么也打不开销路，曾先生很是纳闷：我的领带质地、款式都不比那些世界级知名品牌差、价格也不高，可为什么就是卖不出去呢？一日，亲友点拨：金狮，金狮，多不吉利啊，又尸又失的，这种领带谁还敢带？广东话里，"狮"与"尸"谐音；普通话里，"狮"与"失"谐音。后来曾宪梓先生保留了"金"字，又把英文 Lion 改为音译"利来"，遂销量猛增，销路大开，成就了今日之中国名牌：金利来。品牌的联想很重要。同时金利来也符合品牌命名的其他三项原则：通俗易懂、便于记忆、利于传播。

很多强势品牌的名称无论听、说、读、写，往往都能引发人们的美好联想，北方人说"好意头"，广东人称为"好彩头"，根据已知的、潜在的关联命名品牌，叫"取势命名法"。这种取势命名法取势要巧，否则不但容易落俗套，甚至会给品牌带来意想不到的负面效应。曾几何时，许多宾馆/饭店喜欢用诸如"发"、"利"、"豪"之类的文字作为品牌名称，取吉祥、顺利、发达之类约定俗成的文字表意，但是往往适得其反，感觉低档。

一个新颖、独特的品牌名称能使普通产品变成极具吸引力的商品，演绎优美的意境，同时给受众带来欢乐和享受的美好祝愿。

每到逢年过节，红色的可口可乐就推出喜庆的胖阿福卡通形象的广告片，取势于中国人吉祥、好运寓意，百事可乐深受启发，跟着推出一句"祝你百事可乐"，品牌与广告语融合得非常完美！福建兴业银行，体现着"兴旺百业、兴盛事业"的价值追求，同样比较成功的还有：金六福（白酒）、好利来（蛋糕）、才子（服装）等。

真正好的商业品牌名称，必须建立在大众易于识别、欣赏的基础上，更要赋予其好的寓意，使品牌形象更为丰满，并且制造更多的附加值，诱导消费者的购买欲望和购买冲动，更关键的是品牌到底能够引起受众怎样的心理联想，使人们更陶醉于购买之后、使用之时所带来的美好感受？这种集美好祝福与愿望于品牌名称之中的命名方法，可以制造一种内在的消费行为驱动力，很容易最终转化成为消费动机、购买行动。

品牌的内涵就是它的定位，品牌的联想要与它的内涵相一致，就是要与品牌的定位相一致。所以品牌联想，是指提到某一品牌时消费者大脑中会浮现出来的所有与这一品牌定位有关的信息。领导品牌、强势品牌的一个重要特点就是能引发消费者与其定位相关的丰富多彩的联想，谈起海尔消费者一脸兴奋，想到"中国家电业绝对的老大"、"售后服务无可挑剔"、"畅销欧美"……但除海尔以外的大部分家电品牌，品牌联想的丰满度比较低，品牌联想十分贫瘠，只能联想到品牌的主导产品、规模、行业地位等信息。

品牌联想的信息主要是与定位一致的产品类别、属性、触动心灵的品牌情感与品牌气质等。如高露洁"防止蛀牙"无疑会打动购买牙膏时关注"蛀牙"功能的人群，宝马"驾驶的乐趣"让选小车时讲究操纵性能且对宝马不菲价格有支付能力者怦然心动；耐克的"超越与激情"与耐克在运动鞋业的至尊地位让人愿意付出比一般品牌高出几倍的价格购买耐克。

品牌联想包括与定位相关的产品类别、产品属性、使用情形、消费者利益等易于清晰、明确表述的显性联想，也包括与定位相一致的心理感受层面的不易清晰表述的隐性联想。比如，宝马品牌从产品类别看属于汽车，产品的主要属性是"十分灵活轻便的操纵性能"、给消费者的主要利益是"驾驶的乐趣"，使用者一般为年轻人、新锐、娱乐界、艺术界人士。对宝马有一定了解的人，都能表述出这些信息。但宝马还给人"潇洒"的心理感受，虽然并不是谁都能清晰地表述出这种感受的。

又如康佳在很多消费者心目中有一种"时尚感、现代感"，但大多说不出来，采用拟人化联想与投射法才发现消费者对康佳的隐性联想，而品牌的隐性联想对形成品牌气质与个性，提升品牌价值的作用往往不亚于显性联想。特别是产品同质化严重的行业及心理感知价值成为主要购买驱动力的产品如名表、香水、时装等，隐性品牌联想往往决定一个品牌的胜负、生死。

上述案例是品牌联想宝贵价值的生动注解，积极、美妙的品牌联想使消费者认可、接受、喜欢乃至爱上品牌，其实核心价值也是品牌联想的一部分。品牌联想的价值具体包括：产生差异化、提供购买理由、创造心理认同。

品牌通过产品、品牌名、定位、广告公关、促销活动等形式传递出差异化的定位信息。品牌联想中便会具备差异化、个性化成分，这是与竞争者形成区隔、遏制竞争者跟进的屏障，也是越来越趋向大众化的消费者喜欢一个品牌的主要理由。

一般通过产品的工业设计、广告的感性诉求与美学表现润物细无声地使消费者对品牌产生的心理与情感认同，大多属于品牌定位的隐性联想。三星手机、康佳小画仙以工业设计创造"精致、时尚"的品牌联想来获得心理认同；"所有的父亲都知道儿子的生日，又有几个儿子知道父亲的生日——养生堂龟鳖丸"、"海尔，明天的世界是什么样的"、"钻石恒久远，一颗永留传"、"一壶香未尽，心已揽四方——汉盛九坊酒"则以触动心灵的感性诉求获得消费者由衷的爱。

广告的美学表现如场景、模特造型、服装道具、化妆、画面美感、音乐旋律无一不折射出品牌气质，影响品牌联想与消费者心理好感，前面提及的纳爱斯就是因为模特造型、画面质感上的缺点无法获得上海人的心理认同，久攻上海不下望而兴叹。

品牌命名至关重要，好的名字本身就是一个大创意，能延伸出一系列后续的商业创意，如果加上相匹配的商业经营，可以使新品牌成为强势品牌水到渠成，甚至具有轰动效应，这就是名字的力量！同样是借势，如果不知势，不会借，或者没借好，这种东施效颦、邯郸学步的商业品牌也确实不在少数。

早先有个著名的洗涤用品品牌白猫（洗洁精），在邓小平同志的"白猫黑猫论"年代，市场上突然窜出个"黑猫"来，而且与白猫是同一类洗涤用品。猫本身是很温顺可爱的小动物，冠以白字，可以让人感到纯净、温和，加个黑字，则显得似乎有点面目可憎了，不但没有与洗涤类产品的属性相匹配，而且是南辕北辙，这种商业品牌命名能让大众接受吗？换句话说，这个黑猫洗洁精你会买吗？品牌的联想出了问题。这种不美好的感觉其实并不是厂家想传达给消费者的。

前几年有个比较走红的副食品牌：老干妈（豆酱制品），隔了不久，又冒出个"老干爹"来！其实这种品牌命名简直就是在跟咱中国老百姓千年的传统较劲，大多数家庭是妇女主内务，主持厨房，而且很多时候，老太太的感觉总要比老头慈祥、温顺一些，俗话说"严父、慈母"就是这个道理。所以"老干妈"只要产品质量好，这个品牌大家还是比较容易接受的，但是同样做豆酱制品的"老干爹"不仅让人们在情感上接受起来很困难，而且名字感觉确实俗不可耐。

利用已经建立在大众文化和商业传播基础上的词语以及巧妙变通的已存在的优质品牌名称，来命名自己的商业品牌，道理上是没错的，但是切不能为了标新立异而刻意去哗众取宠。

在品牌名称最终确定之前，一定要注意避免土气、俗气，或者难读、难记的品牌命名大忌，否则，非但不能让人们有美好的感觉和自然的联想，而且，即使后期投入再多的品牌传播推广费用用于品牌形象的建立和品牌信息的传递，都是于事无补的，正所谓"根不红"、苗自然难正，强势品牌的有些成功基因是先天的。

还有一个品牌叫傣力酒，全中国有 13 亿人，很多人是不认识这个字的，不会念、不敢念、也不会写，这个品牌不够通俗易懂，同时也不便于记忆，不利于传播，把 90%的广告费浪费掉了。

研究品牌策划之道，就是在帮助企业省钱且省到极致。这就是我们前面所说的打造品牌并不需要花太多的钱，也不需要很长时间，也不会亏本，就是基于我们有这样正确的方法论，如果你没有这样正确的方法论作指导的话，花大资金也不一定会成功，说不定还会亏本。

第三节
品牌专有法则：品牌延伸不当常常导致企业毁灭

一种品牌延伸是将一个成功的品牌延伸到你计划推出的一个或多个新产品上去使用的做法。违背品牌专有法则的表现就是品牌延伸。

比如说中国联通，其实也是一个品牌的延伸，把公司名称应用到产品或者服务上，这就叫延伸。很多企业都是公司名和产品名用同一个名字，认为这样很好，打响一个，两个就都出名了，但他没有想到这个产品、这个品牌和企业捆绑死了，一旦这个产品死掉了，企业也就倒闭了。如三鹿奶粉，这是一个品牌，这个品牌出问题了，企业就倒闭了，因为企业名称也叫三鹿。假如企业名称不叫三鹿，还可以再换个品牌接着干。这是品牌延伸的后果，所以品牌延伸常常导致一个企业毁灭。这不是危言耸听，而是事实。而且，企业品牌与产品品牌一致的话，这家公司这辈子就只能做这一件事，做一个品牌，做下一个就不行了。三鹿奶粉要是去做药就不行了，因为公司叫三鹿奶粉。所以正确的做法是产品品牌一定要和公司品牌分开，这就是品牌专有化，如果产品品牌和公司品牌一致的叫品牌延伸。

另一种品牌延伸是一个产品或者服务的品牌延伸到一系列产品甚至不同领域的产品上，如霸王，本来是卖洗发水的，后来卖凉茶，也叫霸王，这是产品品牌的延伸，结果导致了霸王凉茶没人喝，因为没喝就有一种洗发水的味道，而且洗发水还被查出有致癌物质，那它的凉茶谁还敢喝？肯定不敢喝，打死也不敢喝。海尔公司犯的也是这样的错误，非要把感冒药叫海尔，把电脑叫海尔，把手机叫海尔，而人家知道你海尔是做冰箱的，做冰箱的怎么会做得好手机、电脑和感冒药呢？结果都不买。所有这些都是品牌延伸的错误。

当年的巨人集团也是犯了品牌延伸的错误，巨人集团、巨人大厦、巨人脑黄金、巨人吃饭香、巨人吃不肥、巨人汉卡，全部是巨人。结果呢？一个产品出问题，整个集团全部倒下了。其实当时的巨人脑黄金卖得还是不错的，但是因为叫巨人，所以统统倒下。

阿里巴巴一直很有智慧，淘宝、天猫、支付宝……每一个业务使用全新的品牌，做独立运营。而结果，它的每一个"儿子"都发展得还不错。

网易的搜索叫"有道"，有道旗下有款产品叫"饭饭"，做美食搜索推荐，采用的独立品牌；还有款产品叫"有道云笔记"，采用了品牌延伸，延续了网易"有道、有态度、严肃经典"的品牌形象；也包括最近的"网易花田"，号称严肃的婚恋交友。

像宝洁公司，是打造"舒肤佳、佳洁士、护舒宝、飘柔、海飞丝、汰渍"等300多个成功品牌呢，还是把一个巨头品牌，附加在越来越多的应用上面呢？单一品牌延伸策略便于资金、技术的集中，减少营销成本，易于被顾客接受，但单一品牌不利于产品的延伸和扩大，且单一品牌一荣俱荣，一损俱损。而多品牌战略虽运营成本高，风险大，但灵活，也利于市场细分。而且，多品牌的频频出击，也利于公司在顾客心中树立起实力雄厚的形象。

1. 品牌延伸是自然而然发生的错误

品牌专有法则是在专有法则中被违背得最多的，同时也是所有法则中被违背得最多的一条法则。因为品牌延伸是在不知不觉中自然而然地发生的，它不是企业上上下下主观努力的结果，品牌延伸太"顺理成章"了，太符合人们的"想当然"了，就像我们"顺理成章"地随手将新买回来的衣服往衣柜里一塞或将文件资料随手往抽屉里一塞，衣柜、抽屉不知不觉地被塞得满满的了，但我们不是有意要将衣柜或抽屉塞满或塞得乱七八糟的一样。

"我们生产的海尔牌冰箱很好、很成功，已经成了行业第一品牌，现在我们推出电视机、空调、洗衣机、电脑、手机、药，也用海尔的牌子，这是再好不过的了。因为这样可以使消费者一下子就明白这些电视机、空调、洗衣机、电脑、手机、药也是海尔生产的，还可以节省打造这些新品牌所需要的巨额广告费。"

"我们生产的娃哈哈牌儿童营养液很好、很成功，已经成了行业第一品牌，现在我们推出童装，当然也用娃哈哈的牌子，这是再好不过的了。因为这样可以使消费者一下子就明白这些童装也是娃哈哈生产的，还可以节省打造一个新品牌所需要的巨额广告费。"

"我们生产的春兰牌空调很好、很成功，已经成了行业第一品牌，现在我们推出汽车，也用春兰这块牌子，这是再好不过的了。因为这样可以使消费者一下子就明白这些汽车也是春兰公司生产的，还可以节省打造一个新品牌所需要的巨额广告费。"

"我们国美电器很厉害，老板成了中国首富，现在我们开发房地产，也用国美这块牌子，叫国美第一城、国美第二城等。这是再好不过的了。因为这样可以使消费者一下子就明白这些楼盘也是国美开发的，还可以节省打造一个新品牌所需要的巨额广告费。"

品牌延伸多么符合"逻辑"，多么"顺理成章"！

一家企业起初往往会将主要精力集中在某一个行业，当取得成功之后，便会自然而然地将精力分散到其他行业；同样地，当一家企业在某一产品上取得成功之后，就会自然而然地将成功的品牌延伸到其他产品上去。

很多企业在品牌延伸之前目标很不明确，尤其是一些中小企业，品牌延伸是一种被动延伸，不是为了企业发展的需要，而是为了满足经销商的需求而进行的，如一家啤酒企业，原来一直生产中高档啤酒，但后来为了满足经销商需要不断地对其进行延伸，开发一系列低档啤酒，原本良好的中高档品牌形象最后演变成低档的品牌形象。虽然市场得到扩展，但企业利润越来越薄，最后致使这个企业倒闭。

2. 品牌延伸的危害

实施品牌延伸，长期来看会导致顾客心理认知混淆，模糊品牌认知，使品牌贬值。

品牌延伸虽然符合逻辑，但从长期看，会带来三大危害：

第一，品牌延伸会损害已有的成功品牌，人们会觉得你不务正业了，你原来的品牌会逐渐变得模糊和令人不可信。不当的品牌延伸，会模糊掉主品牌在用户心目中原有的形象。用户再次想到这个品牌时，搞不清楚它究竟主要是做什么的。

第二，品牌延伸同时会连累你的新产品，人们会认为你不是干这行的料，因此，对于这种新产品，品牌延伸会使人们对你产生在新产品领域不专业的印象，这对新产品没有好处；一旦品牌延伸不当，在新产品定位、功能设计、营销宣传等诸多领域会受到限制，走不出主品牌的"阴影"。

第三，品牌延伸意味着多元化或推出更多的花色品种，违背聚焦法则和专有法则，分散了整个公司有限的资源，结果是一样也做不好。

例如，当 IBM 推出同一牌子的复印机时，首先，损害的是其计算机的形象，人们会降低对 IBM 计算机的认同，IBM 不务正业了，它的计算机还能靠得住吗？其次，人们对它所生产的复印机也不买账，因为人们认为，IBM 是做计算机的，它能做得好复印机吗？做复印机可不是它的专长。最后，这样两面作战，拉长战线，必然分散兵力，腹背受敌，导致投资加大，成本提高，利润下降，甚至出现亏损。

当 IBM 集中生产大型计算机时赚了很多钱，而后来它几乎什么都做——个人机、笔记本、工作站、中型机、软件、网络、电话、复印机、商业卫星等，却几乎不能维持收支平衡。

再如前巨人集团，它本是做电脑起家的，成功之后向房地产、医药及保健品行业进行品牌延伸，巨人集团、巨人汉卡、巨人大厦、巨人脑黄金、巨人吃饭香等，有一百种之多的产品统统以巨人冠之，结果既损害了电脑高科技企业的形象，又造成了它的延伸品牌产品不专业的形象，还分散了精力，最后导致全军覆没。

东山再起之后的史玉柱，切断了品牌之间的联系，公司名叫健特，产品一个叫脑白金，另一个叫黄金搭档。结果脑白金单一品种的年销售额就超过了 10 亿元。

3. 若要进入细分市场或多元化，要给新产品取新品牌名

多元化是指产业或行业的多元化，它是指一家企业的业务横跨多个产业或行业。品牌专有法则是对聚焦法则和专有法则的进一步深化。针对多元化，品牌专有法则一方面反对多元化，认为一家企业通常没有必要多元化，当你试图满足所有人的所有需求的时候，便不可避免地要遇到麻烦，在所有方面都做，意味着在所有方面都弱，宁要在某一方面强，也不要在所有方面都弱；另一方面，即便是企业具备条件实行多元化，也不要将同一品牌延伸到各个领域去使用，而要用各自不同的品牌。拿海尔来举例，不要冰箱、彩电、手机等都叫海尔。

由于需求的多样化和竞争，市场会呈现出不断细分的局面。品牌专有法则，首先，强调的是专业化，即使是在一个专业的领域，也要缩小产品线，不是产品花色品种越多，市场占有率就越大，事实往往正好相反。其次，即使是企业在某一专业领域的细分市场中推出不同品种的产品，那也不要用同一个品牌，而要用新的品牌。宝洁公司就是这么做的，飘柔、沙宣、海飞丝都是同类产品，但也各取各的品牌名。这三种产品都占据了中国洗发水市场的前几名。

夏利是低档车的品牌，为了进行品牌延伸，推出的新款中档车被命名为夏利2000，结果遭到惨败。与此相反，上海通用生产的别克车是高档车，后来通用开发了一款中低档轿车，没有延伸"别克"品牌，而是重新打造了一个品牌，叫"赛欧"，但聪明的通用人为它打上了"别克"的标志，结果大获成功。因为消费者认为用10万元就买了一款"别克"品质的车，太值得了。试想，如果上海通用开发的中低档车也冠以"别克"品牌，中低档的"别克"固然可以畅销，却大大地损害了

"别克"的高档品牌形象，高档"别克"就会掉价或卖不出去，结果还是得不偿失。

五粮液酒厂生产的金六福酒是中低档产品，它没有延伸五粮液的品牌，结果也是大获成功的。假如茅台镇生产的那么多品种的酒都叫茅台酒，请问茅台酒还会是国酒第一品牌吗？

德国大众公司的小型车在美国进口车市场占有 67% 的份额，后来它决定向美国出口各种豪华车，但都用大众品牌，"为不同的人提供不同的大众品牌"，结果只有小型车畅销。为了扭转这一局面，大众公司停止了其小型车的销售，结果人们由于买不到便宜、耐久的大众车，便转而购买日本的丰田、本田和日产，大众汽车在美国的占有率下降到了不足 4%。在美国，大众车意味着小而丑，没有人会想到要买辆大而漂亮的大众车。

与此相反，本田公司决定提高其豪华车在美国市场的占有率，且采取了与大众相反的策略，不用本田的牌子，而是用阿库拉。并不惜代价建立专门经销阿库拉车的销售系统，以防止与本田相混淆，结果其销量已经超过了大众。

品牌专有化是细分市场的一种策略，它不一定是跨行业或跨产业的，像宝洁，它还是在家化领域里，只是针对不同的细分市场，它不是使用同一个品牌，而是使用不同品牌。

只有一种情况可以进行品牌延伸，那就是品牌所代表的价值尤其是核心价值也能包容并促进消费者对延伸产品的认同与购买，就可以品牌延伸。

从长期看，品牌延伸几乎从未奏效，那么为什么品牌延伸还那么普遍呢？

4. 为什么品牌延伸错误屡犯不止

第一，品牌延伸在短期内可以受益，短期的利益蒙蔽了它的长远危害，人们在短期的品牌延伸中得到了好处，这是导致品牌延伸错误屡犯不止的最大原因；

第二，一个品牌的成功会使人们自然而然地认为它在其他产品上也应该会成功；

第三，人们往往钟情于自己已有的品牌，他们认为，原来这个品牌太好了，再也想不出更好的品牌来了，于是就将原来的品牌用于各个新产品，他们哪里知道，原来的品牌之所以让人觉得好，是因为品牌打响了，品牌只有打响了才是好的；

第四，想让品牌无形资产得到充分利用，以节省市场营销费用；

第五，人们的贪欲，总想多元化，推出新产品。中国的很多品牌延伸失败的最大原因之一就是企业贪婪造成的，在进行品牌延伸时总是吃着碗里看着锅里，唯恐市场被别人占完了。这都是企业贪婪造成的。

品牌延伸的原因并不复杂，危害也显而易见，但要真正克服它却需要公司领导人有舍得放弃、肯于牺牲的勇气，而这往往是他们最缺乏的。

第四节
品牌聚焦法则：提到品牌要让消费者立刻能想到某个概念

要想成为世界级别的大品牌，就必须要达到具象化的程度。也就是说，提到品牌，会立即想到某个概念。做不到这一点的品牌，绝对不会是世界性的大品牌。

例如，消费者一提到雪佛兰是什么？立刻能想到是一辆大的或小的、便宜的或昂贵的小轿车或卡车。米勒是什么？一种常规啤酒、清淡啤酒、生啤、便宜的或昂贵的啤酒。松下是什么？在过去，松下是一台计算机、一台打印机、一台传真机、扫描仪、电话、电视机、复印机等。这些品牌都因为丧失了独特性而导致面目全非。而沃尔沃已经"安全"地销售了大约 35 年。在此过程中，沃尔沃已经成为销量最大的欧洲豪华轿车之一。当然，由于它们的竞争对手产品线延伸的慷慨之举，它们还可以在市场上多维持几年。但千万不要犯这样的错误。独特性的丧失会削弱一个品牌的力量。

雅达利是什么？雅达利过去是一个视频游戏，事实上也曾是视频游戏的领先品牌。然后雅达利试图生产计算机。雅达利是什么？雅达利是一个由于丧失了独特性而不再有生命力的品牌。

正是独特性使得一个品牌能够在社会上发挥它最重要的功能。品牌是什么？一个可以用来代替一个普通用词的专有名词。品牌是什么？是你在潜在顾客的心智中所拥有的独特的概念或认知。它是如此的简单，又是那样的困难。一种进口啤酒，你可以说一杯喜力。一块昂贵的瑞士手表，你可以说一块劳力士。一种浓稠的意大利面调味料，你可以说一罐普雷格。一辆安全的小轿车，你可以说一辆沃尔沃。一辆富有驾驶乐趣的汽车，你可以说一辆宝马。

在考虑购买奔驰车时，会想到什么？如果研究过那些典型的汽车购买者的想法，可能会发现，用"声望"一词基本可以概括奔驰这一品牌的特征。可能也会用诸如"昂贵"、"德国制造"、"工艺先进"以及"可靠"等特征来形容奔驰，但核心的区别还是"声望"。兰博基尼是昂贵的，奥迪是德国的，本田是工艺先进的，丰田是可靠的，但这些品牌中没有一个能传达出奔驰的"声望"。

如果想创建一个品牌，必须把打造品牌的所有努力都集中在如何在潜在顾客心智中占据一个词汇。这个词是其他品牌不曾拥有的。奔驰代表了声望，沃尔沃代表了安全。沃尔沃在汽车购买者心智中占据了"安全"这个词。一旦一个品牌占据了一个词汇，其竞争者要从该品牌夺走这一词语几乎是不可能的。能够生产一辆比沃尔沃更为安全的轿车吗？有可能。很多汽车品牌宣称它们做到了，包括萨博和奔驰。但这些品牌能在消费者心智中占据"安全"这个词吗？不太可能。在考虑购买宝马轿车时，会想到什么？一辆能带来驾驶乐趣的车，马力最强劲的车。宝马在消费者心目中占据"驾驭"这个词。但自从这三个品牌（奔驰、沃尔沃和宝马）进行了品牌线延伸后，它们就不再是词汇定律的最佳范例了。奔驰转向了不太昂贵、声望较低的轿车，沃尔沃开始生产赛车，宝马则转向生产更加豪华的轿车。

一旦某一品牌开始在消费者心智中代表了某个词，公司通常都会寻找多种方法来扩张产品线，进入其他市场，试图占据其他的特性。这是一个极其严重的错误，而且是在创建品牌时最常犯的一个错误。

舒洁是什么？听到舒洁这一品牌，能想到什么词汇？从表面上看，舒洁这一品牌似乎是很分散的。舒洁很柔软，可以抽取，它很有名，而且有多种不同的款式：运动型、家庭装、迷幻型。不过，到目前为止，舒洁仍是袋装纸巾中的领先品牌。那么在消费者心智中，舒洁到底占据了哪个词呢？舒洁占据了该品类的名字：舒洁就是纸巾。舒洁是第一个袋装纸巾。在金伯利·克拉克推出舒洁前，还没有袋装纸巾的市场。但是与进入卫生纸和纸毛巾市场相反，舒洁一直没有脱离它最初的焦点。"不要把伤风感冒放在衣袋里"是舒洁多年来使用的营销口号。人们衣袋中的手帕开始从市场上消失了，取代它的是多种多样的舒洁纸巾。

与舒洁拥有"纸巾"这个词一样，吉露拥有"果冻"这个词，可口可乐拥有"可乐"这个词，邦迪拥有"胶粘绷带"这个词，莎纶包裹拥有"塑胶食品薄膜"这个词，而罗勒布雷德拥有"直排滑轮旱冰鞋"这个词。当人们普遍都使用品牌名称时，品牌已经代表了它所在的品类。我们可以发现：一般商品很难赶超领先者而成为某一品类的代名词。即使在销量上超过可口可乐，百事可乐也不会成为可乐品类的通称（在超市里，百事可乐的销量曾超过可口可乐）。只有依靠成为第一品牌并且建立一个品类，才能成为品类的代名词。因此，如果不是这个品类的第一，能做些什么呢？通常，可以通过聚焦来创造一个新品类。

成立于 1964 年的艾米瑞空运公司，是第一家航空货物运输公司。但它也陷入了雪佛兰式的误区。它不但没有将其业务集中在一种类型的服务上，反而提供所有的相关服务：隔夜达服务、次日达和隔日达的廉价服务、小件运输服务和大件运输服务。"无论想运送什么，艾米瑞都可以做到。"

而联邦快递做了什么呢？在 20 世纪 70 年代早期，联邦快递还是货运行业中的一个追赶者。当其业务蒸蒸日上时，联邦快递的首席执行官弗瑞德·史密斯决定，把焦点缩小到只提供隔夜送达的服务："绝对隔夜送达。"今天，联邦快递迅速发展成一家比艾米瑞（现在叫艾米瑞全球公司）大得多的公司。而且"联邦快递"已经成了"隔夜送达"的代名词。

"将这个包裹联邦快递到西海岸。"在消费者心智中，联邦快递拥有哪个词呢？当然是"隔夜送达"。联邦快递接下来又做了什么呢？它走向了全球，于是它就不可能保持其已经闻名的"隔夜送达"的特色（纽约时间下午 5 点，在新加坡已经是第二天早上了）。而且联邦快递还进入"次日达"和"隔日达"的廉价服务。后来它又收购了一家货车运输公司，联邦快递使公司远离了"隔夜送达"这个概念。这种业务拓展会使品牌受损吗？是的。那么它会使公司受损吗？只要没有机敏的竞争对手像当初联邦快递挤压艾米瑞空运公司那样，缩小其业务焦点挤压联邦快递，联邦快递公司就可能不会受损。

看一下"普雷格"对"拉古"做了什么？多年来，拉古一直是意大利面调味料的领先品牌，拥有超过 50% 的市场份额。就像艾米瑞空运公司一样，拉古拥有许多不同的产品。普雷格又做了些什么呢？该品牌把其业务缩小到一种产品——"浓稠的"意式面条调味料。依靠这种调味料，普雷格赢得了 27% 的市场份额。普雷格在意式面条调味料消费者心智中拥有了"浓稠"这一词。

词汇，是创建品牌的关键。当然，在这个视觉化的世界，还取决于产品的外形、颜色、质地以及尺寸。但这些事实如果离开人们心智的认知，也毫无意义。心智是通过词汇来赋予视觉事实以含义的。只有当人们心智中认为某一物体是大的或小的、美的或丑的、暗的或亮的时，视觉才具有真正的意义。对于所销售的产品或服务同样也是如此。产品本身也许具有一些视觉上的事实，但却是品牌名字及它的附带因素使得产品在消费者心智中有了意义。所以，可以忽略产品所具备的种种好属性，而无法在人们的心智中将这些产品属性与品牌名联系起来。为了进入消费者心智，必须做出牺牲，必须把品牌的要素减少到某个单一的概念或特性，而这个概念或特性是同品类中其他品牌所没有的。

在记忆的层面上，大多数品牌在心智中不太可能占据两个或两个以上的词汇。如果品牌能拥有一个像"安全"或"强劲"或"浓稠"或"隔夜送达"的词，就很幸运了。许多企业家其实深谙此点，但他们依旧指望品牌延伸。为什么？他们感到在其目前的定位上受到了限制。他们想发展，所以他们认为除了扩张品牌就别无选择。但真正有用的不是扩张品牌，而是扩张市场。换句话说，联邦快递扩张的是其隔夜送达服务的货运市场，而不是隔夜达到、次日达或隔日达的业务范围。

让我们追溯历史。到目前为止，绝大多数的成功品牌保持其狭窄的业务焦点，然后扩张其产品的品类，而不是设法将其名称扩张至其他产品品类。不要问品牌在现有的市场上能占到多少份额，而应该问问品牌通过聚焦和在人们心智中占据一个词汇后能创造多大的市场。

第六章

做强做大企业的不二法则之三：
公关营销策划

　　客户第一次购买你的产品，是因为有刚性需求；第二次还购买你的产品，是因为第一次有美好体验；一生都购买你的产品，是因为对你的产品产生了信仰。品牌营销的本质就是培养客户的消费信仰，增加品牌黏性。

第一节
围绕定位展开公关营销策划

当品牌定位和品牌命名策划到位之后，接下来最重要的是要把这样的品牌定位和品牌名称传播出去，这就是品牌传播。

所谓"品牌传播"，就是企业以品牌的核心定位和核心价值为核心内涵，在品牌识别的整体框架下，选择广告、公关、销售、人际等传播方式，将特定品牌推广出去，以建立品牌形象，促进市场销售。品牌传播是企业满足消费者需要、培养消费者忠诚度的有效手段，是目前企业家们高擎的一面大旗。

品牌传播是企业的核心战略，品牌传播的最终目的就是要发挥创意的力量，利用各种有效发声点在市场上形成品牌声浪，有声浪就有话语权。传播是品牌力塑造的主要途径。

同时，品牌的有效传播，还可以实现品牌与目标市场的有效对接，为品牌及产品进入市场、拓展市场奠定宣传基础。品牌传播是诉求品牌个性的手段，也是形成品牌文化的重要组成部分。

一提起传播，大家通常会认为传播就是打广告。传播不等于打广告。在今天这样一个过剩经济的时代、过度竞争的时代、产品大量同质化的时代，广告效果被稀释了一万倍。移动互联网时代，品牌生存的土壤发生了巨大变革，人人是媒体，人人可以发布自己的消费体验，人人都可以快速影响一批人，信息不对称的局面在极速减弱，传统媒体广告日渐势微时，打广告找死，不打广告等死，广告效果太差了，打广告风险太大了，而且对一个新品牌、新产品的推广来讲，打广告也不是最好的办法。那么，应该用什么办法来传播呢？

首先要用的是公关营销，这就叫公关营销优先战略。什么叫公关营销呢？公关营销是相对于硬广告而言的。硬广告是什么？硬广告就是我是什么，强行地灌输给你，"王婆卖瓜自卖自夸"。所以消费者是逆反的，不爱听，听了以后反感，不相信，或者是麻木不仁，这是广告效果之所以差的根本原因所在。

而公关营销正好相反，它通过策划让消费者喜闻乐见，消费者愿意听，爱听，感兴趣，主动来关注你，与硬广告完全相反，这种手段就是公关营销，这种方法、策略，就叫公关营销，凡主动吸引消费者来关注我们诉求的方式方法统称为公关营销。

公关营销品牌传播的宗旨是通过消费者喜闻乐见的新闻等手段触动消费者的兴奋神经为品牌做宣传的一种新型推广方式，相对于硬性广告，公关营销的效果更好，花钱更少。尤其是互联网络迅速发展到今天，广大网民用户对新闻的接受程度要高很多，同样是做宣传和营销，同样都是希望找到并影响、打动潜在客户，何不以新闻的形式做宣传，让公众在不知不觉中接受信息？这种传播模式就是品牌传播最新趋势。

移动互联网改变了过去品牌依靠强势媒体与受众沟通的传播模式。很多企业通过传统媒体天天强调"我的产品很好，我的质量多高，我的服务多优秀"，今天这种"王婆卖瓜"式的传统广告信息基本上直接就被消费者删除或者屏蔽掉了。

在移动互联网时代，如果你的产品或者服务做得好，超出用户的预期，即使你一分钱广告都不投放，消费者也会愿意去替你传播，免费为你创造口碑，免费为你做广告。否则只是解决了品牌的知名度，距离美誉度和忠诚度较远。现在需要运用互联网传播的扩散性，将用户口碑做到极致；从感觉型的粉丝培养感受型、体验型客户，进而转化为口碑型的用户。

1. 公关营销优先法则：广告是风，公关营销是太阳

在伊索寓言里，风和太阳曾经争论过两者谁更强。

看到一个旅行者走在路上，它们决定通过让这个旅行者脱下大衣的办法来解决这个问题。风先来，可是风吹得越来越猛烈，这个旅行者把他的大衣裹得越来越紧。

然后太阳出来开始发光。不久，这个旅行者就感受到太阳的热，把他的大衣脱了下来。太阳赢了。

你不可能强行进入潜在消费者的心中。广告被看作是一种入侵，一个应该被阻止的不受欢迎的入侵者。推销得越厉害，风吹得越猛烈，潜在消费者就越抵制这种推销信息。

广告越是强行进入人们的心中，它就越是不可能达到这一目的。有时，潜在消费者放松了警惕，风就会赢。可是这并不普遍。

公关营销是太阳。你不能强迫媒体来发布你的信息。信息的发布完全掌握在它们手中。你所能做的一切就是微笑并保证你的公共宣传材料尽可能地有用。

潜在消费者也不会在一条评论信息中觉察到任何强迫性。恰恰相反，潜在消费者认为媒体在试图提醒他们，又一种优质的新产品或新服务问世了。

里约奥运会，是 2016 年全球第一大盛事，更是各大品牌宣传自己的好时机。2016 年 361°正式与里约奥组委签约，成为第一个作为奥运官方赞助商的中国品牌。361°为里约奥运会提供超过 100000 件制服，赛事志愿者、技术、医疗和赛会服务人员等都身穿 361°的服装，其中开幕式宣誓裁判员穿着 361°的运动服，是这次奥运会最具分量的露出机会之一。

此前的三届奥运会，组委会运动装备类官方赞助商一直是阿迪达斯，此次 361°取代了阿迪达斯具有历史性意义。

而在具体的营销玩法上，361°在奥运期间也玩得大胆出奇，抛弃了电视媒体广告的传统套路，把体育营销带上社交属性，强调参与感。比如与直播平台合作，联合奥运举重运动员吴景彪和 10 位知名网红主播，以直播做运动的方式打造"热爱是金"的概念，助力奥运。

除此之外，361°还以 Social "点赞"的互动传播方式，与受众一起创造内容，引爆受众，而不是单纯的"你在呈现，我在看"。

比如，5 月 3 日孙杨在微博上写下：有一些话不得不说，5 月 5 日晚上，请给我 1 分钟的时间。这迅速引发了媒体和粉丝的猜测与关注，连续几天登上微博热搜榜。

5 月 5 日，答案揭晓。借征战里约奥运之际，孙杨在 1 分钟的广告中用 11 个深情的"感谢"，感谢了那些从未感谢过的人，语言质朴、态度诚恳又饱含深情。

361°借势造势，以"用热爱赞助热爱"话题，一改国内品牌重金砸媒体的方式，而是对话题性人物孙杨的形象进行了一次重塑，随后361°紧跟奥运热点，传播实时海报，借助社交网络全民探讨，"杀"出了一条独特的路。

在营销上，本土品牌正在全力摆脱"出钱出力不讨好"的固有印象，而361°的玩法追寻更符合时代需求的营销方式，通过情怀广告＋体育赞助＋明星代言＋奥运产品＋Social传播＋创新跨界营销等多重手段，打造线上线下深度融合的奥运营销矩阵。

在信息碎片化时代，受众的注意力极度分散，社交营销的重要性凸显，内容为王依然是不变的主流。361°借势奥运2016年上半年营业额增加了15.7％，名利双收的361°是2016年奥运营销比较成功的运动品牌。

2. 广告是在万分之一的效果上做创意

今天，中国的营销环境与10年前相比，媒体的数量平均增加了10倍，媒体的版面或频道平均又扩大了10倍（以前一张报纸四个版，现在则有四十个版，以前一台电视几个频道，现在则有几十个频道），媒体的价格却又平均上涨了10倍（同样版面或时段的广告价格不降反涨），而广告的数量又平均增加了10倍（做生意的多了，东西不好卖了，竞争白热化了，结果都挤到了广告这条羊肠小道上来了），$10 \times 10 \times 10 \times 10 = 10$的四次方，广告效果被稀释掉了一万倍，人们的注意力和眼球被稀释了一万倍，花同样的钱做广告，只能达到10年前的万分之一的效果！如果我们的企业只在现有平面或影视媒体广告的创意和制作上也就是在广告策划的细节上下工夫（包括给广告大师、创意大师、影视制作大仙多下银子），那么也就只能是在既有的万分之一的营销环境上下工夫，广告效果增加一倍，也不过只增加万分之——由万分之一增加到了万分之二——而已，微不足道，怎么也不可能将广告效果提升一万倍，因为这种细节上的策划和创意不可能突破万分之一的营销环境本身。

深圳市大疆创新科技有限公司是全球领先的无人飞行器控制系统及无人机解决方案的研发和生产商，客户遍布全球100多个国家。大疆在2013年初才发布了第一款产品：大疆精灵，大疆产品足够可靠并且在关注这个领域产品的爱好者中有着不错的口碑，发布前后的一段时间内一直默默无闻，当然也没有什么时间和精力去做广告，现在大疆无人机出现在全球的各个地方，这不能不说是他的广告创意。比如2014年10月，有新闻报道叙利亚武装人员击落了一架遥控飞行器，称这台飞行器来自政府军，实际上它侧面有"Phantom"的字样。2015年1月，美国华盛顿执法部门发现一架小型无人机闯入白宫，这架小型无人机正是大疆，当然还有它在生活大爆炸中的亮相，这些新闻都在社交网络上被大量讨论。

高潮是2016年2月汪峰在章子怡36岁生日派对上通过大疆无人机送来了一颗钻戒并向章子怡求婚，这一消息瞬间引爆社交网络，而大疆无人机也至此一下登上网络热议话题榜，并一直保持至今。无人机产品在中国绝对算得上是一个小众领域产品，但凭借其产品的魅力而引发的讨论却比大部分大众领域产品还多。

3. 做广告找死，不做广告等死

面对如此广告环境，"做广告找死，不做广告等死"。

那么，该怎么办呢？

必须跳出广告创意的狭窄圈子，充分发挥公关营销的作用。公关营销能够大大地节省营销费用，提高传播效果。

当推出一个新品牌时，用公关营销要划算得多。因为新生事物容易引起人们的关注，具有制造新闻的潜力。所以在新产品、新品牌推出时应该更多地利用公关营销，而公关营销也是最需要创意的领域。

当一个品牌或产品被成功推出之后，它是新品牌、新产品的新闻性已经消失了，公关营销能够发挥的余地就小了，但是品牌不能不维护。这时，就要用广告来维护品牌了。

公关营销创建品牌，而广告维护品牌。在 2016 年中国好声音的总决赛上，优信二手车花了 3000 多万元投放了一则广告，广告主要内容就是一句烧脑的重复性歌曲：上上上上上优信二手车。当晚至第二天早上它在社交网络被刷屏，火爆了一下，并且它后续的传播也没有脱离这个基调。

互联网时代，用户关注的不是"广告"而是"口碑"，企业要打造品牌，就需要与用户融合成生态圈，这就要从产品经济过渡到社群经济，以用户为中心实现产销合一。例如，海尔馨厨冰箱是行业首款互联网冰箱，其从一开始就搭建起与用户交互的生态圈，将冰箱由电器变为网器，变成用户流量入口馨厨目前吸引了包括中粮、统一等 27 个资源方入驻，电商平台下单率已高于电商行业一流平台下单率，真正成为一款以强交互黏住用户、获得用户信赖的互联网冰箱。

4. 将广告效果提升一万倍的方法

这是笔者的一项"发明专利"，也是一项营销战略的创新。运用这一战略，一个企业、企业家、品牌、产品等只需用 100 万元营销费用便可打造成家喻户晓的社会热点，而一家企业、一名企业家、一个产品、一个品牌若要家喻户晓，用传统做广告的方法在现今的万分之一广告环境下，无论细节上怎么设计、策划，至少得耗费上亿元资金！换句话说，这项战略的策划或营销战略的创新即可用 100 万元达到 1 亿元的广告效果，一下子将广告效果提升一万倍！因为现在还没有人知道这种战略，还没有人把它当作一种营销手段，这就像当还没有人想到用小报来营销的时候，三株用它创造了年销售 80 亿元的奇迹，当还没有人做广告的时候，第一代民营企业家曾经靠它一夜暴发，成了中国最早的一批亿万富翁，这得归功于突破万分之一营销环境的战略策划和营销创新战略。

而如果花 1000 万元则可达到 10 亿元的广告效果，这又是笔者的另一项独门秘籍。

这两者就不是简单的公关营销所能达到的效果了。这就要超越于公关营销之上，在更高层面上进行战略创新了。

具体来讲，公关营销都有哪些门类呢？公关营销包括炒作新闻，制造轰动效应；包括软性文章炒作，而软性文章炒作又包括新闻性软文、科普性软文、诉求性软文、亲情式软文、证言式软文等；公关活动，而公关活动又包括冠名、赞助、举办能够引起人们广泛关注的社会活动等。这其中首当其冲的是事件营销。

什么叫事件营销？就是没事找事的事件营销，就是策划一个事件，这个事件能够让我们的受众特别感兴趣，人们是对这个事感兴趣而不是对广告感兴趣，而把广告跟事件结合起来，再隐藏在事件的背后，从而达到传播我们的广告的目的。

2015 年，神州租车发起的 Beat U。这一年的年中，社交网络上到处都是以吴秀波为首的多位明星举着 Beat U 的牌子，以及这种行为引发的大规模争论。顾名思义，Beat U 的意思就是抵制 Uber，神州租车的策略是抓住 Uber 的弱点——不安全，将其大力放大，从而突出自己相对竞品的优势。当然仅仅指出对方弱点，突出自己的优势是不足以引发巨大关注的，它成功的地方在于以明星效应与目前最火的打车软件交锋，从而引发争议，扩大声量。这个策划之后，神州租车的市场份额从第六名上升到第三名。

第二节
椰岛鹿龟酒是如何通过事件营销起死回生的

海南有一个酒厂，濒临破产倒闭边缘。这个厂生产一种酒叫椰岛鹿龟酒，卖不出去，因为没有品牌，没有传播出去。怎样能够快速地传播出去呢？当时就有这样一个事件营销的策划。

那一年，公司传出消息说美国的公司经考察，证实椰岛鹿龟酒滋补保健效果确切，想以1.2亿元的价格买断椰岛鹿龟酒配方及生产权。

围绕椰岛鹿龟酒配方、生产权该不该卖引起轩然大波。如何看待无形资产作价、知识产权归属、国有资产流失、股份制立法及运作中的缺陷、国际资本对民族工业及其名牌产品和市场的冲击等，这些问题在国内舆论界和全社会范围引起很大反响，中央电视台新闻采访部、新闻评论部、经济影视中心几次赴海口采访；"新闻联播"、"午间新闻"、"焦点时刻"、"今日视点"、"夕阳红"等栏目多次披露报道；国家级报纸《工人日报》、《光明日报》、《工商时报》、《经济日报》、《国际商报》、《中国产经新闻》连续追踪报道；《文汇报》、《羊城晚报》、《扬子晚报》、《长江日报》及全国各省、市报刊等160多家地方报纸也安排重要版面连续转载、摘登和开辟专栏讨论，海南的地方报纸、电视、电台、期刊更是爆炒这些问题，仅厂家和《海南日报》、《海口晚报》就收到数千封读者来信，发表意见，阐述观点，参与讨论。椰岛鹿龟酒配方、生产权转让事件成了中国经济热门话题、焦点新闻。

如果直接说椰岛鹿龟酒是好酒，恐怕没人会相信，而说椰岛鹿龟酒配方价值 1 亿多元，人们一听，哇，这么值钱！那这酒一定是好酒，这酒要是不好，美国人会花 1 亿多元来买配方？这样一来，椰岛鹿龟酒是好酒就在全国传开了，品牌就打响了，大家都拭目以待，都在等着品尝。而椰岛鹿龟酒公司却做出这样的宣布："椰岛鹿龟酒"配方不卖，中国人民有能力发展自己的民族工业。

于是就有许多媒体站出来称赞它：在外资大量涌入中国市场、许多行业品牌全军覆没、不少行业品牌孤军奋战的今天，椰岛鹿龟酒——这一中国民族传统工业的品牌挺起了自己的脊梁，抵抗了外资的巨大诱惑，保住了民族工业的精华。正像《经济日报》1996 年 5 月 6 日以《民族产品文化发出的呼唤》称："椰岛为保护民族品牌立了一大功。"

如今十几年过去了，椰岛鹿龟酒已从当初年销售额不过千万元的地方品牌，成长为总资产达 12.6 亿元、员工 3000 多人、年上缴税金 8000 多万元、股票在上海证交所上市的国家大型著名企业，成为造福千家万户的著名民族传统保健品品牌，当初外商开出的所谓 1.2 亿元的天价，在今天看来，还不抵椰岛两年上缴的利税总额。

今天我们知道它是在打广告了，好酒，献给父亲的酒。但当初椰岛鹿龟酒打不起广告，利用公关营销来一炮打响，而公关营销花的钱很少，就是组织了一个新闻发布会而已，买配方的那个人是否真有其人？真有其事？不一定。实际上就是没有这个人，也没有这个钱，他也没想买。幸亏是不卖，要是卖呢？他掏不出钱。公司不卖，反而这个事情就成真的了，如果你卖的话就成假的了，所以这个事件做得天衣无缝。这就叫事件营销。

第三节
日本 SB 公司是如何通过新闻事件营销一炮打响的

何谓新闻？新闻，是指报纸、电台、电视台、互联网等媒体经常使用的记录社会、传播信息、反映时代的一种文体。新闻给人们传递最新的消息，人们需要了解世界，了解世界上发生的事情。产品营销、品牌传播完全可以借助媒体这一权威平台，运用新闻达到宣传的目的。新闻有时效性和迅速传播性。新闻的这两个特点，也让新闻营销有一定的时效性和传播迅速的特点，传播速度快是新闻营销最大的优点，缺点就是时效太短。所以要抓住时机，让其在最短的时间里产生最大的效益。

在社会中我们明白一个道理，那就是推荐的力量。如果在人生的道路上有一个重要的贵人给你推荐，那么你的人生之路就没有了那么多的坎坷，至少你的起点是高的。新闻营销就好比权威媒体在给你的产品或品牌做推荐，权威性来自新闻载体，载体的权威性，也让你的新闻稿件有了权威性。

"好风凭借力，送我上青云。"这是《红楼梦》里薛宝钗作的《柳絮诗》的结尾两句，表面是咏柳絮，其实是表达了薛宝钗希望借助外力获得更高身份和地位的志向。薛宝钗果然也通过与贾宝玉结婚登上了贾府"掌门人"的宝座。站在巨人的肩上总会走得更远。我们是要创造一个巨人，还是站在巨人的肩上看得更远，取得更加辉煌的成就？权威不是来自自己的认可，除非你自己具有了权威，否则都需要别人把你推荐出去，这就是为什么很多公司要搞一些权威机构的信用认证等来增加自己的知名度的原因。

新闻事件营销其实就是借助权威在做这样的推荐，但是要操作好，否则会起到反作用，这类例子也是非常多的。新闻事件营销的高手总是能抓住问题的关键，借助新闻热点，借助互联网传播的裂变效应，从而达到营销的高峰。其做法通常是提出疑点，然后进行追踪，最后亮出"宝剑"，每一个人都有一种从众的心理，大众喜欢的总是能成为人们所追求、所向往的，而以某个群体为代表的一类人也总能成为事件的引爆点，抓住主要矛盾才能把握事件的全局。互联网的热点事件，不仅仅能够引起互联网的关注，而且可以影响到电视、报纸等其他传媒的报道，你可以想象一下，这一受众群体何其庞大，如果成功，一举成名天下知。营销不光会营还要会销，营是手法，销是目的，所以手法一定要为销做好铺垫。现代人面对的信息量非常大，你的营销一定要有亮点，能够引起人们的共鸣，能够达到给你传播信息的效果。

比如，日本有一家公司叫 SB 公司，它是生产咖喱粉的。SB 公司的产品有一段时间滞销，堆在仓库里的产品卖不出去，眼看就要破产了。公司要破产，大家都在想方设法进行促销，可是一切手段都施展出来之后，公司的销售量还是没有上去。公司的经理一个个"下了课"，连续换了三任经理，第四任经理田中走马上任之后，还是没有好办法。

大家都清楚，公司产品卖不出去的原因是顾客对 SB 公司的牌子很陌生，很难注意到这种产品，咖喱粉不是紧俏商品，进口的、国产的，应有尽有。要让人们回过头来买自己的咖喱粉，那不是天方夜谭吗？公司的销量一天天萎缩，公司的资金一天天减少。由于没有足够的资金，大量做广告是不现实的，但是如果不拼死一搏去做广告，那就无异于坐以待毙。做广告，做什么广告呢？

一天，经理田中正在办公室里翻报纸，一条新闻吸引住了他。这条新闻说：有家酒店的工人罢工，媒体进行了跟踪报道，罢工问题遂圆满解决，酒店恢复营业，原先不景气的生意现在变得异常火爆。在日本，劳资双方的关系一般都比较和谐，一旦出现罢工的事情，就会成为新闻的热点。

田中看着看着，突然有了主意：这家酒店之所以生意火爆，就是新闻媒体无意之中给炒起来的。SB 公司为什么不可以利用这种虚招进行一番自我宣传呢？

不干则已，要干就要干出个名堂。他经过深思熟虑，偷偷叫来了几个干将，关上房门，如此如此地吩咐了一番……几天之后，日本的几家大报，如《读卖新闻》、《朝日新闻》等刊登出了这样一条广告：SB 公司专门生产优质咖喱粉，今决定雇数架直升机到白雪皑皑的富士山顶，然后把咖喱粉撒在山上。从此以后，我们看到的将不是白色的富士山，而只能看到咖喱粉的颜色了……

这是一条令所有日本人都感到震惊的消息。

SB 公司的广告刚刚刊出，国内舆论一片哗然。很多人对如此的言辞难以忍受，都纷纷指责 SB 公司。本来名不见经传的 SB 公司，连续好多天在报纸、电视、电台等新闻媒体上成为大家攻击的对象。大家纷纷上街游行表示抗议，富士山是日本的象征，怎么可以撒上咖喱粉呢？有的人甚至放出话来：如果 SB 公司胆敢如此放肆，我们一定叫它倒闭！

在一片舆论的声讨声中，SB 公司的名声大振。临近 SB 公司广告中所说的在富士山撒咖喱粉日子的前一天，原先发表过 SB 公司的报纸都刊登出了 SB 公司的郑重声明：鉴于社会各界的强烈反应，本公司决定取消原来在富士山顶撒咖喱粉的计划……

反对的人们欢庆自己的胜利，田中和 SB 公司的员工们也在欢庆他们的胜利。这样一番折腾，全日本的人都知道有一家生产咖喱粉的公司叫 SB 公司，并且以为这家公司是一家实力超群、财大气粗的公司。很多小商小贩都纷纷投到 SB 公司的门下，大力推销 SB 公司的咖喱粉，SB 公司的咖喱粉一时间成了畅销产品。田中经理的一招妙棋救活了一家公司，目前这家公司的产品在日本国内市场的占有率高达 50%。

这样的结果是最好的，如果你真去撒咖喱粉的话，还得有许多咖喱粉被浪费掉。结果 SB 公司飞机也没雇，咖喱粉也没撒，就是说了两遍而已，什么都没干，但公司的品牌打响了。

第四节
农夫山泉的品牌是如何打响的

在纯净水行业，原来农夫山泉在与娃哈哈、乐百氏的竞争中，处于下风。一是因为其水源地在千岛湖，成本较高；二是因为产品同质化，而它又不是第一品牌。

如何走出同质化竞争的艰难困境，出奇制胜，脱颖而出呢？农夫山泉对自己进行了重新定位，定位于天然水，而不是纯净水，这就创造了一个新品类，把自己从纯净水中剥离出来，具有独一无二性、巨大的市场需求性和适合性。所以，农夫山泉的成功首先是定位的成功；其次是品牌命名策划的成功，农夫山泉这个品牌名字很好地反映了天然水这一定位。

那么，这个新品类品牌是如何打响的呢？

1999 年，农夫山泉公开宣布：从此不再做纯净水了，而要做天然水。此语一出，立刻打动了每一个媒体的受众，令人们牢牢记住了农夫山泉。农夫山泉出现在各地电视台，而且来势汹汹，随之市场也出现了越来越热烈的反应，再通过跟进的一系列营销大手笔，农夫山泉一举成为中国饮用水行业的后起之秀，到 2000 年便顺理成章地进入了三甲之列，实现了强势崛起。历来中国的饮用水市场上就是竞争激烈，强手如云，农夫山泉能有如此卓越的表现，堪称中国商业史上的经典。为何会有如此非同凡响的效果？原因正在于它极好地创造了一个记忆点，正是这个记忆点征服了大量的媒体受众，并使他们成了农夫山泉潜在的消费者。

农夫山泉的品牌传播运用的也是事件营销，事件营销是一种能让消费者快速、深刻地记住企业对产品诉求的好方法，但事件营销传播的是产品的核心定位，即品牌内涵，它的核心是：创造能让消费者记忆深刻的点，有了这个点才有了产品在消费者心中的位置。

企业的产品宣传与消费者的记忆如同进行着一场思想斗争，前者竭力要在后者大脑中建立起信息据点，而后者则不懈地排除无用的信息，前者如何才能战胜后者呢？毛泽东的战略思想是：集中优势兵力打歼灭战，各个击破。战略上要以一当十，战术上要以十当一，以百当一，才能有必胜的把握。俗语说得好：铁钉虽小却能穿墙。记忆点创造法就是要将企业产品最具差异化、最简单易记的品牌核心诉求提炼出来，把企业所有宣传、传播的力量集中于这一个点，努力让这一点渗透到消费者的记忆深处，从而建立起难以消除的信息据点，这个据点就是企业的产品在消费者心中的位置，也决定着产品在市场上的品牌地位。

如何成功地建立记忆点呢？具体操作原则如下：

第一，创造显著的差异性，建立自己的个性——独一无二性的定位。

雷同、相近的东西很难让人记忆深刻，只有显著的差异才使人难以忘记。《三国演义》中关云长与诸葛亮无论是通过外表还是通过典型事件来烘托其个性都是不同的。关云长的外表特征是：红脸美髯。诸葛亮的特征却是：手摇羽毛扇。关云长性格的记忆点是：过五关斩六将，下棋刮箭毒。诸葛亮性格的记忆点却是：草船借箭，七出祁山。因为每一个人物都有明显的差异化，所以才能让读者产生深刻的记忆。创造差异性是凸显自己产品的存在的首要因素，没有差异点，就不会产生记忆点。"农夫山泉有点甜"很好地表达了山泉水的定位，是一个很好的记忆点。当其他同类产品都在表现各自如何卫生、高科技、时尚的时候，农夫山泉不落俗套，独辟蹊径，只是轻轻地却又着重地点到产品的口味，也仅仅是"有点甜"，显得超凡脱俗，与众不同。这样就形成了非常明显的差别，使自己的产品具有了鲜明的个性，重要的是让电视机前的消费者感到耳目一新。这样的产品让消费者忘记是困难的，一个广告能达到这样的效果，这个产品也就成功了一半。同样做得很成功的是乐百氏纯净水，它重点突出了"二十七层"净化工序，用一个非常简单的数字表现纯净水的优异品质，使人叹服，不禁让人对企业的精益求精精神产生敬意。这种表现方式独树一帜，当然功效奇大，鲜明的差异性立即脱颖而出，挑剔的消费者不会轻易错过。

第二，力求简单，只要一点，容易记忆。

消费者的记忆能力是有限的，而市场中各种产品的信息相对而言是无限的。要让消费者记住你的产品绝非易事，绝不是可以省去智慧、技巧、创新而能够做到的。最起码要避免让他们一下子就要记住过多的产品信息，对此消费者缺乏意愿和能力，这样再多的信息也等于没有。面对铺天盖地的产品信息，消费者只愿意也只能够记住简单的信息，越简单越好，简单到只有一点，最容易记忆。农夫山泉在这一点上同样掩藏不住其非凡的明智，仅仅用了"有点甜"三个字，三个再平常、简单不过的字，而真正的点更只是一个"甜"字，这个字富有十分的感性，那是描述一种味觉，每个人接触这个字都会有直接的感觉，这个感觉无疑具有极大的强化记忆的功效，而记住了"有点甜"就很难忘记"农夫山泉"，而记住了"农夫山泉"就很难对农夫山泉的产品不动心。农夫山泉就是以简单取胜：简单，使自己能够轻松地表述；简单，也使消费者能够轻松地记忆。

又如农夫山泉推出的"农夫果园"系列果汁饮料。果汁市场空间很大，但是先有汇源，后有娃哈哈、可口可乐、康师傅等国内外著名饮料大企业跟进，市场细分一分再分，产品创新一代胜一代，市场竞争非常激烈。而农夫山泉推出"农夫果园"为时已晚，它应属于果汁里的二流品牌。可是农夫山泉却别出心裁，采用一点记忆，在其他厂家的果汁饮料都尽力回避果汁饮料里有沉淀物的问题时，农夫山泉却迎刃而上，打出"农夫果园，喝前摇一摇"的广告语，并把其变成了产品销售的一个卖点。这一"摇一摇"，结果化糟粕为玉帛；这一摇，使产品深入人心，并倡导了一种新的喝法；这一摇，也使"农夫果园"系列产品扶摇直上，将已诸侯纷争的果汁市场"摇"得重排座次，农夫山泉的果汁饮料也乘势从二流产品迅速挤入一流品牌。

这正是简单的特有效果，中国人对关羽的形象记忆深刻，其中一个重要的记忆点是"刮骨疗伤"。这件事简单之极，但又绝非简单。没有几个人能够做到像关羽那样不怕痛的，这件事的核心点正是一个"痛"。关羽"不怕痛"，能忍常人不能忍之"痛"。"痛"同样感性十足，谁都体验过并且记忆深刻，只要想象一下"刮骨"是一种怎样的"痛"，而关羽在承受这痛时连眉毛都不皱一下，人们便不由地叹服，被他的英雄气概所折服。这就可以起到简单而深刻的记忆。

第三，符合产品的特性，突出产品的优良品质。

名副其实才能盛名不衰，越是真实的就越有力量。企业要始终知道是在为自己的产品做广告，为自己的产品做广告就是为自己的产品的特性做广告，广告要符合产品的特性，否则就不是在为自己的产品做广告，广告中的核心记忆点更要以高度的准确性切中产品的特性，否则就是一个失败的记忆点，其失败就败在放弃了最生动有力的产品特性的支持；失败的记忆点是无法经受市场考验的，是无法取得消费者欢心的，必然导致品牌的失败。如舒肤佳"有效去除细菌，保持家人健康"；潘婷"含维他命原 B5，拥有健康，当然亮泽"；伊利"来自大草原的好奶"。符合产品的特性也就是符合产品的功能定位和品牌内涵。符合产品的特性是第一步，为产品做广告、创造记忆点就要竭力宣扬、渲染产品的功能定位和品牌内涵，就是要为产品的优点做广告，围绕产品的优点创造记忆点，记忆点是广告的核心点，更是产品优良品质的凝练和升华，通过记忆点使消费者知道并记住产品的优点，这是产品成功的基础。

"农夫山泉有点甜"在这一点上表现得无可挑剔。农夫山泉取自千岛湖 70 米以下的深层水，这里属国家一级水资源保护区，水质纯净，喝一口都会感到甘甜。正是这样，用"有点甜"来形容可谓恰当之极，因为它符合产品的特性；更可谓精妙之极，因为它突出了产品的优良品质。

第四，建立面的纵深，配合、烘托这个点。

这个记忆点绝非孤立、单薄的，孤立、单薄的记忆点经不起记忆的筛选。相反它背后必须有一个宽阔的信息纵深面，而点正是面的浓缩，虽仅一个点，却挟带大量的信息。记忆一触发这个点，必会带动后面的大量信息，正所谓"牵一发而动全身"，所以只要记住并激发这个点，就会自然地记起背后广阔纵深面的信息，这些信息正是企业绞尽脑汁要告诉消费者的。农夫山泉的广告策划人员显然深知这一点，那个著名的广告绝非一句"农夫山泉有点甜"就完事大吉，而先是一幅非常美丽淳朴的千岛湖的风景画面，青山绿水，又重点突出纯净的湖水，接着是几个非常富有人情味的人物描写，然后再用大量的"笔触"细腻地刻画了一个农家小孩饮用了湖水后非常甜蜜、纯真的微笑，最后才是一句话外音"农夫山泉有点甜"。这最后一句点题之语是点，前面所有的描述都是纵深面，没有前面的纵深面，这个点绝不深刻，没有后面的点，这个面绝不让人记忆深刻。这个点在整个纵深面所营造的绝妙意境的高潮时分自然而然，如约而至地降临，一下子就深深地扎进了观看者记忆的海洋，观看者无可挽回地记住了这一刻、这一点，也记住这一点后面的纵深面的广阔信息。

第五，针对消费者，要让他们感觉美好。

"有点甜"无疑是让人感觉美好的，"甜"意味着甜蜜、幸福、欢乐，这是中国人终身的追求，这样的中国人必定会追求感觉甜美的产品。农夫山泉狠狠地抓住这一点，它对中国人说：我，有点甜。这等于说：我，是你的追求。作为广告语，这更等于说：请追求我吧。这是极难抵挡的诱惑，农夫山泉就是用诱惑力赢得消费者的购买力。当年孔府家酒也有一个非常成功的广告，广告语是"孔府家酒，让人想家"，"家"在中国人心中是非常美好的，是很容易感动中国人的，而一种能让人想家的酒必然会给中国人一番特殊的感觉。有了这种感觉，产品的成功就有了保证。所以要创造让人感觉美好的记忆点，赢得消费者的好感，才会有好的产品，正应了好迪的一句广告语：好迪真好，大家好才是真的好！

第五节
王老吉是如何通过公关营销打造品牌的

　　王老吉是如何通过公关营销打造品牌的呢？大家知道，王老吉诞生于 1828 年，被称为凉茶始祖，在中国广东部分地区流传。100 多年之后，凉茶已成为当地人日常的保健医药饮品，用来"清热解毒去暑湿"。王老吉创制者后人迁徙香港，饮品因之传播，并随华人逐渐布及东南亚、欧美等地。虽然百年历史证明王老吉产品富有生命力，具备打造大品牌的基础，但其总体销量其实并不大，影响力局限。特别重要的是，如若要创建国际性大品牌，在本国市场具有高影响度是必备，而王老吉由于功效认识和服用习惯原因，一直盘踞在广东部分地区，尚未能推及至全国。

　　1996 年，东莞加多宝公司在国内推出红色罐装王老吉，有别于传统的药材煲制或颗粒冲剂，开启了老品牌的现代化历程。至 2002 年，罐装王老吉已在广东、浙南地区立稳脚跟。王老吉当时面临的核心课题有两个：一是多年来广东"凉茶"概念未能被区域外消费者所认知和接受；二是凉茶作为药饮产品令人态度谨慎，即便罐装改进后依然如故。

　　2003 年，王老吉实施全新品牌战略，定位于"预防上火的饮料"推向全国。强调预防上火，是借助"上火"这个普遍性中医概念，获取全国性人群对凉茶产品与功效的认识和认同；归属饮料品类，是瞄准更广阔的目标人群，而且着力消除人们对药饮重复、大量消费的顾虑。王老吉自此走出广东、浙南，并着重餐饮渠道推广，辅之以中央电视台广告的配合，迅速成为全国性强势饮料品牌。2003年罐装王老吉销量增长4倍，达到6亿元。2004年王老吉品牌持续高涨。王老吉与全聚德、张小泉、狗不理等中国老字号品牌类同，均有上百年传统，此番以新营销方式激发活力，成为现代主流饮料品牌。

从消费的本质来说，人们购买的是品类而非品牌，顾客之所以选择某个品牌，是因为它代表了品类。消费者喝可口可乐，是因为人渴了要喝可乐，而可口可乐代表了可乐，成为购买选择。同样，年轻人喜欢喝百事可乐，是因为百事可乐代表着年轻人的可乐；有人喜欢喝七喜，是因为七喜代表了非可乐：柠檬汽水。没有成为品类代表的品牌，很难获得消费者的选择，除非代表性品牌不在场，它就暂时性勉为其难地代表了品类。有时低价也可以建立品牌，那就代表着品类中低价的一类，要以品类代表性品牌不降价为前提。

打造品牌，就是要使品牌成为某个品类的代表。可口可乐代表可乐，星巴克代表咖啡，红牛代表能量饮料，蒙牛"狂奔"代表牛奶。王老吉之所以成功，是因为它100多年来成为凉茶代表，而这个品类有着恒久生命力。创建品牌的第一步，即是选择一个有前景的品类，并洞察出有成为品类代表性品牌的机会，从中出击。举例来说，汇源代表着100%果汁，果汁先生可以代表高浓度果汁，鲜橙多可以代表低浓度果汁，而酷儿可以代表低浓度儿童果汁，爆果汽代表低浓度加汽果汁，农夫果园代表混合果汁，牵手代表果蔬汁，椰树代表椰汁，这些品牌都做对了第一步，即有一个明确的定位，可以作为建立品牌的方向。

也有很多品牌不代表一个品类，涵盖很多类产品，它们注定不会有大的成功。第 5 季囊括汽水、果汁、茶和水，单汽水又包括可乐、苹果、柠檬、橙汁、冰淇淋多种口味，可以看到，无论打造第 5 季品牌投入多么大的资源，它也很难获得消费者的选择。当人们要喝饮料时，首先想到的是品类，可乐、柠檬汽水或橙味汽水，然后它选择了可口可乐、七喜和美年达。消费者口渴不会首先想到第 5 季这个品牌，然后再看看它有哪些品类可以选择。囊括太多产品的品牌，会被单纯代表某个品类的品牌瓦解，各领域逐一失守。娃哈哈品牌下什么都有，但它更多地只代表饮用水，其旗下的茶、果汁、加汽果汁卖得并不好，水也正被农夫山泉超过。康师傅、统一的产品线也很长，后进品牌可以瞄准其中的一类打入进去，实现切割。

中国企业对产品过于关心，期望凭产品差异胜出对手，很多情况下恰恰会错过品牌可能具有的最大差异：代表某个品类。乐百氏 2003 年推出脉动时，它代表了一个新品类——维生素水，与可乐、茶和水相比有明显差异。娃哈哈推出激活，添加了亚马逊雨林"青春活力果"瓜拉纳；康师傅推出劲跑 X，则维生素、糖原、氨基酸一起补充；汇源的"他她水"，更分性别提供营养；农夫山泉的尖叫，进一步为不同情绪的人提供不同配方饮料。这种强调产品成分与功能差异的做法，忽略了一个事实，对消费者来说这种细微而复杂的差别令人混乱，人们只会笼统地将所有产品都视为脉动的同类，因而本质上没有差异。

值得一提的是，既然代表一个品类，品牌需要调动一切产品元素来制造品类差异，包括质地、口味、颜色、包装。可口可乐是弧形瓶和直罐装，红牛功能饮料是金黄色矮罐装，椰树椰汁是黑色的小直罐装，王老吉凉茶是红色硬罐装，鲜橙多果汁是透明 PT 瓶装，酷儿小儿果汁标志性包装是小矮瓶。让消费者越鲜明地感受到品类的差异性，就越容易建立起代表品类的品牌。

品牌代表一个品类，确保了消费者购买品类时会首先选购这个品牌。然而这还不够，就像王老吉代表凉茶，但广东凉茶不为全国人所认识和接受，王老吉销量还是局限。王老吉第二步要做的，是做大凉茶品类市场，让更多人会想到喝凉茶，也就是要为凉茶品类重新定位。

将罐装凉茶产品从"清热解毒去暑湿"的药饮重新定位为"预防上火的饮料"，极大地拓展了消费群和消费量。这种战略选择，有可口可乐作比照。可口可乐同样诞生于100多年前，最初同样是功能性药饮，功效是治疗头痛。可口可乐将自己定位为"提神醒脑的饮料"，终于走出药房，成为美国饮料业的主流品类。

为品类重新定位的关键，是识别出最主要的竞争品类，并界定其品类对消费者而言的核心价值，从反面出击，建立与之相对立的新品类。对可口可乐而言，当时主流饮料是酒类，其品类价值是具有精神麻醉作用，可以缓解人们工作与生活的压力，所以甚为流行。可乐刚好站在"麻醉"的反面，有"提神醒脑"功能，因此建立起了与酒类相对立的饮料品类。王老吉针对的主流饮料是汽水，它们是清凉饮料，然而只是暂时性的口感清凉，凉茶可以预防体内上火，形成了对立性品类。

站在主流品类的反面为新品类重新定位，实际上同时也在为主流品类重新定位，指出了主流品类与生俱来（与其品类价值伴生）的弱点，凸显新品类价值。将可乐定位为提神醒脑的饮料，实质上同时将酒精类饮料重新定位为是抑制的、沉闷的，而可乐代表着兴奋和激情。当王老吉成为预防上火的饮料时，其他汽水饮料就被重新定位为假清凉，只做表面文章了。这样做的好处，是使消费者在购买饮料首先考虑主流品类时，同时想到它的弱处和对立品类的好处，促使新品类也纳入饮料业的主流选择。

为品类重新定位而呈现出主流前景，将吸引众多跟随品牌，共同做大品类。代表性品牌此时需要先行一步，一方面针对竞争品类拓展新品类，另一方面形成新定位下的战略匹配，以确保未来占得主动。农夫山泉针对纯净水建立了天然水品类，它在推广上倡导天然水含有多种人体必需元素比纯净水更适合饮用，在经营上加强对天然水源的获取，掌控了千岛湖、长白山、丹江口、万绿湖四大优质水源地，确保了品牌在天然方面的战略优势。

为应对对手"正宗凉茶"的猛烈广告攻击和品牌转换拦截，2012年6月3日广药集团在长城举行规模空前的新装红罐王老吉上市盛典，在烽火台上庄严地揭开新装红罐王老吉的面纱；在仪式上发布了《长城宣言》誓言全力保护和弘扬王老吉品牌，宣布成立1.828亿元王老吉爱心基金；在传播中鲜明地提出"中国情，民族义，王老吉"的民族品牌定位。

围绕新装红罐王老吉长城上市的时机和节点，广药集团整合传播资源，全方位地充分弘扬民族领导品牌，在全媒体传播之下，有针对性地展开了一系列的品牌营销活动。

在《人民日报》、《北京晚报》、《京华时报》、《广州日报》、《羊城晚报》等主流媒体刊发"中国情，民族义，王老吉"平面广告，彰显了品牌内涵，传递正能量；"红罐王老吉亮相"、"1.828亿元爱心基金"、"长城宣言"等品牌活动软文，努力塑造民族品牌形象，传递出企业的信心和愿景，实现了多角度传播。同时推出《王者归来》（又名：《共创辉煌》）王老吉品牌活动 MTV 长城上市版，并以这次活动为契机，推出了红罐王老吉凉茶官方微博，引发海量互动，建立与消费者沟通的平台，实现情感式互动，提升自身品牌的影响力。

2012 年伦敦奥运会期间，王老吉通过《南方都市报》、《都市快报》、《新京报》、《广州日报》、《京华时报》等媒体，为中国奥运健儿加油。在全国数十个路演活动现场，精彩的舞台表演和有趣的游戏互动吸引了众多消费者的参与。王老吉作为唯一指定凉茶饮品热情助阵 2012 年横渡珠江活动，为保护母亲河的公益活动贡献力量。全程独家冠名赞助"全民骑行绿道达人"，倡导"低碳环保"，分别在广州、东莞、珠海、深圳、中山、肇庆六个城市举办骑行活动，吸引了社会各界的关注和参与。通过助力奥运健儿，有效显示品牌的社会责任。

王老吉的品质得到社会广泛认可。王老吉拥有厚实的制药大企业背景，制药标准远高于食品饮料标准，这是业界早已达成的共识。广药集团居中国企业 500 强第 277 位，并在 2012 年工信部公布的中国医药工业百强榜中名列榜首，这一强大的实力将为王老吉凉茶的发展提供坚强的后盾。王老吉是首批国家级非物质文化遗产，拥有"独特保密工艺、凉茶秘方、专用术语"的专有权，得到《世界文化遗产保护公约》在世界范围内的保护；拥有 32 个中药材 GAP 种植基地，所有生产车间皆达到 GMP 要求；拥有诺贝尔医学奖获得者穆拉德博士和钟南山等多位院士领衔的科研团队，凉茶原料上选用 GAP 药材，质量控制上采用定量提取、指纹图谱等技术，将精湛的制药技术和科研成果用于生产，能为消费者提供品质一流的王老吉凉茶。

第六节
"蒙牛"品牌又是怎样做成功的

牛根生左手抓奶源和生产，右手抓品牌市场，两手齐下两手都硬。但当时的蒙牛势单力薄，实力不济。牛根生的想法是，第一笔广告投入既要引起轰动效应一炮而红，又不能多花钱。

这难上加难的广告该怎么做？更为残酷的是，大树底下的树苗永远长不高，而蒙牛这棵小苗就在伊利大树的浓荫之下，创名牌又谈何容易？但事物总有两面性，伊利既是强大的竞争对手，同时也是蒙牛学习的榜样。好，那就站到巨人的肩膀上吧。于是，"创内蒙古乳业第二品牌"的创意诞生了。

世人皆知内蒙古乳业的第一品牌是伊利，可是内蒙古乳业的第二品牌是谁？没人知道。蒙牛一出世就提出创"第二品牌"，这等于把其他竞争对手都甩到了脑后。蒙牛这光沾大了，这势借巧了。

创意出来了，如何用最少的钱最大化地传播出去？

当时的呼和浩特，路牌广告刚刚萌芽。经营路牌广告的公司，只是象征性地在繁华地段为自己立了几个牌子。没人认识到这是一块宝贵的广告资源。牛根生对负责人说："你的牌子长时间没人上广告，那就会无限期地荒下去，小荒会引起大荒；如果蒙牛铺天盖地做上 3 个月，就会有人认识到它的价值，一人购引得百人购。所以，我们大批量用你的媒体，其实也是在为你做广告，你只收工本费就会成为大赢家。"结果，蒙牛只用成本价，就购得了 300 多块路牌广告 3 个月的发布权。

1999 年 4 月 1 日，呼和浩特市民们一觉醒来，突然发现所有主街道都戴上了"红帽子"——道路两旁冒出一溜溜的红色路牌广告，上面写着金黄大字"蒙牛乳业，创内蒙古乳业第二品牌"。一石击起千层浪。人们从来没见过如此大规模、如此夺目、如此有豪气而又令人充满疑惑的路牌广告！到处是探寻的眼睛，角角落落流传着不约而同的话题："蒙牛"是谁的企业，以前怎么没听说过，工厂在哪儿？声言创"第二品牌"，是吹牛，还是真有这么大的本事？……

蒙牛路牌广告"万箭齐发"聚焦成功，宣传效果出人意料的好。这一年，蒙牛采取虚拟联合的生产经营方式，加上品牌宣传打开了市场，经销商蜂拥而至，蒙牛牛奶和冰淇淋营业额做到了 3700 万元。

第一年虽然没有倒下，但并不等于就站稳了脚跟。蒙牛与牛根生一样，一来到这个世界上就面临着极为严酷的生存环境。牛根生以一颗真心善待身边的每一个人，才有日后的成功；蒙牛在一系列巨人的脚下起舞，随时可能被同行挤出舞台，只有营造出和谐的生存环境，蒙牛才可能获得顺利发展的机会和空间。

的确如此，伊利和蒙牛的关系在蒙牛诞生时就很紧张，尤其 1999 年底蒙牛建起自己的工厂后，双方的奶源争夺战更加激烈，甚至出了蒙牛奶车被截的严重事件，双方剑拔弩张。此时牛根生认为，竞争可以双赢，一山可以容多虎。首先，既然"奔驰"和"宝马"可以在德国并驾齐驱，风靡世界，百事可乐和可口可乐可以共同引领全球饮料市场，那么伊利和蒙牛为什么不可以共生共荣，共同做大？其次，同一地区的企业，还共同拥有一个大品牌——地域品牌。山西出了一种假酒，败了全部山西酒的市场；比利时发生"二噁英"事件，败了整个欧洲奶粉的市场。这说明相互竞争的企业其实是相互依附的，单个企业的生存环境其实是众多同行共同维护形成的。

因此蒙牛得出"草原品牌一荣俱荣，一损俱损"的结论，进而提出"为内蒙古喝彩"的口号，努力寻求与竞争对手和睦相处之道，实施"共生共赢战略"；同时，呼和浩特人均牛奶拥有量全国第一，蒙牛据此大胆提出将呼和浩特建设成"中国乳都"的倡议，启动了树立地域品牌，同时以地域品牌推动企业品牌的大营销战略。

蒙牛的第一个广告牌是"千里草原腾起伊利、兴发、蒙牛乳业"，"向伊利学习，做内蒙古第二品牌"。这对于刚刚起步的蒙牛而言，巧妙之处在于抬高别人也抬高自己，品牌提升不费吹灰之力。做第二品牌，确实显得谦虚，但是要想到，内蒙古第二品牌也同时是全国第二品牌。"我们有这样的愿望，希望在 2006 年和伊利老大哥三分天下得其一，伊利 300 亿元，蒙牛就是 100 亿元。"对于竞争对手伊利，蒙牛上下都带着感激而不是敌意地称为"老大哥"。牛根生总强调，没有伊利就没有蒙牛。这不仅是因为蒙牛和伊利有着直接的血源裂变关系，而且在一定程度上，蒙牛一直把伊利挂在嘴上，正是极其高明的韬光养晦策略。

1999 年 5 月，蒙牛在华北推出第一个冰淇淋产品——"蒙牛转转"。针对当年春节文艺晚会后广为传唱的歌曲《常回家看看》，蒙牛打出的广告词是"蒙牛转转，回家看看"，迅速得到市场接纳，以内蒙古为主的周边地区的销售网络借此建立。而在 1999 年底冰淇淋一期工程完成后，蒙牛又推出"蒙牛大冰砖"，首次冲击北京地区的冰淇淋市场。对该产品，蒙牛除了强调其纯牛奶成分外，在营销上也费了一番心思。当时企业刚起步，经营实力比较弱，又有伊利在前面，如果不找巧劲，很难做好。经过策划，蒙牛在王府井大街做了长达一周的冰淇淋免费品尝活动，吸引了很多人。经销商们纷纷过来跟蒙牛洽谈合作，蒙牛则趁势从300家经销商中选择了30家佼佼者达成伙伴关系，一举完成了北京地区的销售网络建设。这次活动仅花费3万多元，却起到了上百万元的广告效果。

2000年9月至2001年12月，蒙牛推出了公益广告——《为内蒙古喝彩·中国乳都》。在所投放的300多幅灯箱广告中，正面，万马奔腾图上书写着"为内蒙古喝彩"，下注："千里草原腾起伊利集团、兴发集团、蒙牛乳业，塞外明珠耀照宁城集团、仕奇集团，河套峥嵘蒙古王，高原独秀鄂尔多斯，西部骄子兆君羊绒……我们为内蒙古喝彩，让内蒙古腾飞。"背面，推出"我们共同的品牌——中国乳都·呼和浩特"。

凡弱者生存，都要有"水性思维"，要柔大于刚，顺多于逆。正如老庄哲学所体现的：知其雄，守其雌；知其阳，守其阴。此时蒙牛是弱者，它就把内蒙古最强势的明星企业搬上广告牌，气势恢宏令人振奋，既宣传了内蒙古企业团队，也借势提升了自己的形象。当然把最大的竞争对手伊利排在首位，目的是体现对伊利的尊重。

蒙牛如此谦卑，高抬竞争对手，迫使竞争对手无话可说，允许蒙牛生存发展，否则就会有损于整个内蒙古经济环境，会丢失"道义分"。蒙牛"把自己放到最低处"，如在冰淇淋的包装上，蒙牛直接打出了"为民族工业争气，向伊利学习"的字样。这既是谦虚，又可利用伊利的知名度打蒙牛品牌，显然是一种以退为进的策略。洼，然后积；屈，然后弹；同时蒙牛又聪明地把自己融化在区域经济大局之中，把自己的命运同整个内蒙古经济的腾飞牢牢维系在一起，事实上把自己拔到了相当的高度。

蒙牛的另一个营销策划更是轰轰烈烈——2003 年 10 月 16 日，"神舟五号"顺利返回，6 时 46 分，北京指挥控制中心宣布：中国首次载人航天飞行取得圆满成功！几乎与此同时牛根生一声令下，举国沸腾。候车亭在行动，超市在行动，电视台在行动，报纸在行动……几小时之后，伴随着"举起你的右手，为中国喝彩！"的口号，蒙牛"航天员专用牛奶"的广告便铺天盖地出现在北京、广州、上海等大城市的路牌和建筑上，全国 30 多个城市的大街小巷蒙牛广告随处可见；蒙牛的电视广告也出现在了全国几十家电视台的节目中，"发射—补给—对接篇"在央视和地方台各频道同步亮相，气势夺人，展开了新一轮大规模的电视广告攻势；同时，印有"航天员专用牛奶"标志的新包装牛奶和相应的众多 POP、宣传页也即时出现在各卖场和销售终端。一时间蒙牛宣传攻势锐不可当。

"神舟五号"载人航天，在中华民族发展史上是开天辟地的大事。对于营销来说，这是一次千载难逢的搭载机会，是 21 世纪以来最大的一笔垄断性资源，谁占有它，谁就拥有无可比拟的制高点。天下企业，唯有蒙牛抓住了这个机会。这一年，蒙牛销售额达到 40 多亿元人民币！五六年前，蒙牛一无所有；短短五六年之后，蒙牛销售额从 1999 年的 0.37 亿元飙升至 2003 年的 40 多亿元，后者是前者的 110 倍，年平均发展速度高达 323%！在中国乳制品企业中的排名由第 1116 位上升为第 2 位，创造了在诞生最初的 1000 余天里平均一天超越一个乳品企业的营销奇迹！

第七节
脑白金的品牌策划，完全遵循"721原则"

公关营销的第三个门类就是软性宣传，也就是软性文章炒作，就是制造人们关注的由头。软性文章分为几类，首当其冲的是新闻性软文，就是制造新闻，用耸人听闻的标题来吸引人，受众不知道这是广告，看完了之后对产品产生了强烈的信赖和购买欲望。

在这方面脑白金做得非常好，脑白金的上市，给人的印象总是神龙见首不见尾！这个神秘的保健品，在国内市场上刮起了阵阵旋风，在2~3年内，即创造了十几亿元的销售奇迹。如果按人均每瓶消费计算，全国则有三四千万人吃过脑白金！

脑白金呈现在我们面前的，是一个个火爆的市场，却难以见到其成功的企业形象！脑白金的品牌策划，完全遵循"721原则"，即花70%的精力服务于消费者，把消费者的需求放在第一位；投入20%的精力，做好终端建设与管理；只花10%的精力来处理经销商关系，在战略上实行"卖方市场"向"买方市场"转移，这是脑白金品牌营销的核心所在。

在本土做营销传播，所有媒体不一定非整合不可，如果有更省时、省力、省钱，更合适企业快速制胜的方法，为什么不采用呢？哈药就是电视广告打出来的，养生堂就是事件行销推动品牌的，脑白金更有高招，仅靠报媒软文就启动了市场。

脑白金的宣传策略，追求最有效的途径、最合适的时段、最优化的组合，不求全但求到位。脑白金最早以报媒、小册子为主导启动市场，以终端广告相辅助。之后，随着产品渐入成长期，脑白金的媒体选择开始发生变化，报纸、电视广告成为重要的媒体组合。另外，宣传册子成为集团购买与传播产品知识的有力手段。我们分析脑白金的媒体宣传策略，应将其分为两个阶段来看，一是市场启动期（或试销期），二是市场成长期或成熟期。

在市场启动期，脑白金基本以报媒为主，选择某城市的 1~2 家报纸，以每周 1~2 次的大块新闻软文，集中火力展开猛烈攻势。

第一轮，五篇新闻性软文——强烈吸引消费者，引起关注、重视和欲望，《人类可以"长生不老"吗?》（一、二、三），《两颗生物原子弹》（四），《98 世界最关注的人》（五）。

这五篇新闻稿，通过"人类长生不老"和克隆羊并列"两颗生物原子弹"、"98 世界最关注的人"等一系列热点事件、热点话题，成功营造了脑白金的神秘感，引起广大消费者的强烈兴趣和极度关注。同时，软文中的"美国人的疯狂购买"，"总统、教皇都在吃"等匪夷所思的疯狂行为，充分吊起了消费者的消费欲望。这些新闻体软文，正如软文"两颗生物原子弹"一样，迅速引爆市场。

如《人类可以"长生不老"吗?》前言中所写："衰老根源"的发现与"克隆"技术被称为生命科学近几十年的两大突破。这两项突破将改变人类的生活，同时可能会引发社会问题。"衰老根源"的发现，首先使美国疯狂，含 3 毫克的脑白金在加州居然被炒到 50 美元，是白金的1026 倍。欧洲为它沸腾，日本为它痴迷，这场人类的深刻革命正悄悄来到中国，中国能为之镇静吗?

1995 年 12 月 25 日，美国的圣诞之夜，从东海岸的纽约、华盛顿、迈阿密到西海岸的西雅图、旧金山、洛杉矶，美国的国土上一反常态地出现了"不理圣诞，疯狂采购"的长长人流。圣诞节的夜晚，不在暖暖的炉火旁，反而去商场门口的雪地里排队购买一种神奇的东西——脑白金。善于捕捉公众动向，及时报道的美国各家电视台，由资深主持人出镜，连续作出追踪报道，以激烈的话语指责："脑白金破坏了圣诞节！"埋怨一向在上帝面前忠实的观众，为了迫不及待地拥有脑白金而跑向雪地，涌进商场，不该背向上帝。

《纽约时报》、《华尔街日报》、《美国新闻与世界报道》、《波士顿地球报》均在头版报道了这一热潮。

《新闻周刊》破天荒地以《脑白金狂热潮》为标题于 8 月 7 日、11 月 6 日两期专文详细介绍脑白金的奇迹：防止老化、预防心脏病、高血压、推迟更年期……一时间美国人茶余饭后最热门的话题：脑白金——美国 5000 万人疯狂抢购；脑白金在加州居然被公开炒成了天价，是白金的 1026 倍……面对此状，美国西北大学著名神经药理学教授格利塔发出感叹："美国人为它疯狂了！"

……

第二轮，功效软文——深入刺激目标消费群，激起购买行为。

五篇新闻软文充分调动起消费者的胃口，引起消费者密切关注后，脑白金再抛出了系列科普性（功效性）软文，将脑白金的具体功效卖点落到实处，介绍产品的两大主要功效"调节肠胃、调节睡眠"，进行深入诉求，刺激已有强烈兴趣的目标人群进行疯狂购买。

如《"美国人睡得香"，中国人咋办！》；

《人体内有只"钟"》；

《宇航员如何睡觉》；

《人不睡觉只能活五天》；

《女子四十，是花还是豆腐渣？》；

《一天不大便＝吸三包烟》；

……

《宇航员如何睡觉》一文如下：

航天飞机每 90 分钟绕地球一周，每天要经历 16 次白天和 16 次黑夜。失重导致宇航员身体系统紊乱，不能正常睡眠。但睡眠对人体极其重要：不吃饭，人可以活 20 天；不喝水，人可以活 7 天；不睡觉，人只能活 5 天。这绝对不是危言耸听。看看周围，您就可以发现睡眠有障碍的人往往面色灰黄，智力及记忆力下降，精神萎靡，抵抗力差等。有关文献显示：睡眠障碍者每天衰老速度比正常人快 2.5~3 倍。睡得不沉、易惊醒等浅睡眠对人的危害与失眠造成的危害几乎相当。

宇航员如何睡觉呢？一篇有关的报道破解了此谜。

《参考消息》曾在其第 7 版的《为科学而睡觉》一文中介绍说：哥伦比亚号航天飞机上的宇航员，采用大剂量脑白金帮助入睡，而且不会产生其他安眠药产生的不良反应。

宇航员们喝的脑白金，其实是大脑总司令——脑白金体分泌的物质。脑白金体位于大脑正中心，是人体的主宰者，掌管衰老，为人体的生命时钟。脑白金体通过分泌的脑白金物质控制着人体各系统，随着年龄的增长，其分泌量日渐下降。如果每天饮用脑白金，脑白金体的指挥能力大大增强，如同拨慢了人生时钟。从而解决人体系统出现的故障，包括睡眠障碍。

喝了脑白金 2~3 天后，睡不好觉的人即可享受婴儿般的睡眠，的确神奇！脑白金产品无上瘾性。但许多人有疑问，美国有 5000 万多失眠者补充脑白金已达三年，为什么仍坚持补充？根据调查报告，这些失眠者的睡眠早已改善，但补充过程中，多数人出现了精力旺盛、食欲上升、疾病改善、大便畅通、更年期推迟、衰老减缓等意外惊喜，促使他们坚持不懈。

世界著名科学家怀特博士在科学专著中认为，就助眠而言，脑白金是人类迄今发现的效果最好、最安全的健康食品。当然，效果和安全建立在服用正宗脑白金的基础上，选择脑白金不要贪图便宜，错误服用假冒脑白金会伤害身体。

第三轮，制造热点、引导消费。

脑白金在营销的过程中，非常善于制造新闻，引导消费，正如史玉柱对一位向他学习、取经的企业家所讲"造势"。例如，策划脑白金在各地举办的免费赠送活动，以新闻追踪报道的形式报道抢购、断货等热销盛况，使所到之处先后掀起热潮。

这些新闻报道不仅塑造了企业美好的品牌和形象，更深深打动了消费者的心理，刺激了消费者的购买欲望（人都有普遍的从众心理——那么多人买产品肯定好啊）。

如 1999 年 6 月 30 日，脑白金在上海举办免费赠送活动时的致歉信。

对不起！钟爱脑白金的市民，我们绝不让失误延续！

在脑白金进入上海市场半年之际，为回报广大市民的关心和支持，我们策划和组织了 6 月 13 日"脑白金千人赠送，万人咨询"的活动，由于低估了市民对脑白金的热忱，面对数以万计市民的现场，我们仅有的 40 余名维护秩序人员手足无措，加之烈日的蒸烤，最终导致现场失控，护栏挤倒，保安冲散，十余人挤丢鞋子，用于赠送的脑白金被哄抢，甚至出现近十人受伤（皮外伤）的悲剧……

这是我们最为心痛和始料不及的，我们心痛那些从清晨 5：30 开始排队的市民，我们心痛早晨 7：00 近千人井然有序的队伍，队伍中大多数人服用过脑白金，因效果显著已成为我们忠诚的朋友，原本他们都可以高高兴兴地领到一盒脑白金，感受脑白金改善睡眠与润肠通便的奇效。

心痛之余，我们仍然要感激许许多多理智的市民和闻讯赶来的静安寺公安同志，是你们及时制止了混乱，提出许多忠告和建议。在此，我们再次表示诚挚的谢意，道一声辛苦了，谢谢您！

……

这些一环套一环，层层深入的教育、引导，迅速引发了消费者的疯狂，江阴、无锡、南京、常熟、常州以及东北的吉林等地，相继成功启动，为脑白金以后的营销打下了良好的基础。

我们上面说过，新开发市场要对市场进行教育、引导，并刺激消费，将市场需求激发起来。

脑白金的品牌策划是科学、精心安排的。

第八节
如何将黄金搭档打造成又一个如脑白金一样成功的品牌

新开发产品策划推广的核心是：教育、引导、刺激需求，塑造自己产品的差异化优势。"教育、引导＋产品差异化优势"两个方面紧密相连，千万不要只教育、引导，却不介绍自己产品的差异化优势和独特性。否则，企业辛辛苦苦推广了半天，却只是替别人做了嫁衣。很多企业，在推广中也容易出现这样的错误，以至于把产品广告做得跟公益广告一样，为所有同类产品做了贡献。

黄金搭档在推广中也曾出现过这样的错误：

黄金搭档前期试点推广时，曾采取了与脑白金相同的新闻体软文策略，但是效果不理想，原因有很多，如脑白金后其他产品大量模仿类似软文风格，导致新闻体软文广告效果下降。脑白金和黄金搭档产品不同，脑白金本质虽然是褪黑素等，但脑白金的名词第一次出现，可以很好地营造神秘、好奇的效果；而黄金搭档的维生素概念虽然没有普及，也需要教育、引导，但维生素名词已不是第一次出现，对消费者至少不神秘、不好奇，软文自然很难达到脑白金当初的效果。

我们这里不谈这些原因，只谈黄金搭档在教育、引导推广时出现的一个问题——"教育、引导时，强调产品差异化优势上做的工作不够。"

例如，黄金搭档为教育、普及维生素，所做的《营养不良害孩子》、《中国人怎么吃饭》、《海军上将的悲剧》、《白米惹的"祸"》、《美国〈科学导报〉报道：人无维生素，只能活 10 天》等系列功效软文。

这些软文不可谓不精彩，但是正如我们前面所讲，黄金搭档和脑白金不同，脑白金有唯一性和独占性，宣传脑白金是只为自己做广告，而黄金搭档不是唯一的维生素产品，因此在对消费者进行维生素的教育、引导的同时，一定要强调黄金搭档这个维生素组合产品与其他同类产品相比的差异化优势，但推广中这个工作做得相对比较少，以至于黄金搭档的试点初期，软文一打，自己销售上升不多，而同类产品却上升不少。

后来，对推广思路进行了调整、创新，采用了赞助湖南卫视超级女声、中央电视台模特大赛等多个新的营销手段，将黄金搭档打造成了又一个如脑白金一样成功的产品。

黄金搭档前期试点推广的这个错误，幸好只是在试点时出现，而我们不少企业在没有试点就直接向全国推广时，依然存在这样严重的问题，其结果就是为所有同类产品做了公益广告，白白浪费了自己的巨额广告投入，这一点特别值得企业注意。

第九节
21 金维他用充满噱头的字眼吊起消费者的胃口

21 金维他也是采用了新闻事件营销的手法来打造品牌的。21 金维他是一个以维生素为主的产品，当时维生素市场还不成熟，维生素的价值还没有被大众接受，也没有形成普遍消费，市场需要教育、引导。21 金维他也是采取一步步的教育、引导、刺激消费。

（1）教育消费者认识、重视维生素价值。

（2）针对目标人群进行利益诉求，刺激目标消费者购买服用。

（3）炒热销，炒流行。

……

这一系列精心的策划，取得了巨大的成功，让一个老品牌在短短几年内实现了销售的连续多级跳的巨大飞跃。

1999 年，21 金维他系列销售 8000 万元。

2004 年，21 金维他系列销售 6 亿元。

2006 年，21 金维他系列销售 12 亿元。

杭州民生药业也成功实现了腾飞（民生药业 2006 年销售 15 亿元，21 金维他系列 12 亿元，占到总销售的 80%）。

21 金维他是如何进行策划的？

第一步，教育消费者。

在吸引消费者注意的同时，教育消费者对维生素价值认识、重视。

如《一份惊人的报告》《你是否上了黑名单》……这一系列文章，以"惊人的报告"、"黑名单"等吸引眼球、充满噱头的字眼，在吊起消费者胃口的同时，也成功将维生素的价值普及了消费者的内心。

第二步，目标人群对症诉求，刺激消费。

在唤起消费者对维生素价值认识、重视的基础上，对老人、中年人、女性、孩子等各个目标人群进行分类利益诉求，刺激消费者服用21金维他。

如"易感冒、腰酸背痛、骨质疏松、头晕、失眠……老年人请注意：21金维他能帮你"、"易疲劳、易感冒、头晕、食欲差、过早脱发……中年人请注意：21金维他能帮你"……这一系列广告在引起消费者对维生素价值重视的基础上，以具体症状和目标人群直接进行了利益挂钩，刺激、促使其行动。

第三步，炒热销、炒流行，进一步刺激行动。

在完成教育、利益诉求后，以炒热销、炒流行的方式，进一步刺激市场。

如《改善营养，杭州人在行动》《维生素，真的火了》等系列文章，这一系列广告，在利益告知的基础上，利用人们的跟风心理，进行热销刺激，进一步促使消费者行动……

思路决定方向，策划决定出路。

策划不是单篇、零散的，而是整体、系统的。

21金维他堪称新开发市场产品策划、推广的成功典范，是精心、科学的品牌策划。

从以上的案例我们可以看出，公关营销能起到更好的传播效果，同时花更少的代价，它也更受欢迎。公关营销投入少，效果好，当然要优先使用了。

第十节
统一石化是如何边赚钱边打造成一线品牌的

作为一家最初启动资金只有 300 万元人民币的民营企业，统一石化是如何在夹缝中求生存，并最终成长为本土润滑油市场三巨头之一的呢？

对于润滑油市场，统一石化的竞争对手一开始并未给予充分的重视，而且中国的润滑市场特别大，美孚、壳牌、中石油、中石化占领的只是中国市场的一小部分，主要是大城市，这为统一石化提供了很大的发展空间。

如果说整个市场是一只手的话，洋品牌、中石油、中石化都是手指头，但是这些手指头并没有攥成拳头，他们之间是有缝隙的，统一石化的经营战略就是避实就虚，不跟别人正面交锋，统一石化要做的是把缝隙填满。这种填缝隙的策略正应了统一石化的那句广告"多一些润滑，少一些摩擦"。于是，统一石化在创业初期就采取了类似沃尔玛的经营战略。

沃尔玛是通过在美国中等城市建立连锁店，而最终成为世界最大的零售商。中国中等城市比美国大，超过 1810 万人口的城市多于 100 个，统一石化拥有着更广阔的销售市场。统一石化初入润滑油市场时，面对着中石油、中石化各占南北半壁江山的局面。统一石化选择进入中等城市市场，实现战略突围，这样一来就大大减少了来自国内大公司及跨国公司的竞争。

统一石化的策略是，把全国市场分为三级。在北京、上海、广州这样的一级城市，主要塑造品牌形象。二级市场的竞争没有那么激烈，在中型城市，统一石化首先做销量，其次做形象，争取市场份额第一。在三级市场，统一要争做绝对的第一。如统一石化在北京做不了第一，就争做成都第一，如果不成，争做乐山、绵阳第一。

也许是因为竞争对手过于庞大，统一石化这一民营企业的快速发展，并没有引起他们的多少关注和遏制，统一石化也就可以在这些巨人的眼皮底下不断壮大。直到统一石化将销售额做到 5 亿~6 亿元人民币时，竞争对手们突然注意到了这个不经意间冒起的新秀，而在中央电视台的"曝光"，更是将统一石化推到了台前。在统一石化的刺激下，业界老大"中石油"、"中石化"也加入了广告大战。

随着统一石化在三级城市绝对优势的形成，以及二级城市的站稳脚跟，看来与美孚、壳牌、中石油、中石化这些竞争对手的摩擦是在所难免了。习惯了在润滑中前行的统一石化能否在摩擦中前行呢？

最先让竞争对手感到头痛的，可能就是统一石化灵活实用的营销手段和强大的市场开拓能力。

在开拓武汉市场时，统一石化找到了当地最大的"作油"企业（该企业主要经营进口油），提出出资与其合股成立营销公司的方案，并承诺为其提供较长的经营授权与人员培训等。这正是统一石化心中的小算盘。针对西安市场的特点，统一石化则采取了自己成立分公司的做法。当分公司逐渐进入轨道，形成样板效应之后，统一石化再将其转手卖掉。有的地方则直接设立自己的经销商和代理商，在有些市场则直接做二级经销商和终端市场。

统一石化开拓市场的方式是非常灵活的。针对不同的市场，统一石化会采取不同的方式。比如，统一石化要做桂林市场，这个市场国外品牌的份额一直比较大，美孚、壳牌在整个广西可能就6个人，但是统一石化在广西一下子安排了15个人，加上统一石化的经销商，30多个人做这个市场。

此外，营销过程中，统一石化还非常注意对中端资金的占有。方法是：如果代理商一个月大概可以消化掉10箱的产品，那么想一些吸引人的优惠或活动让他一下子进20箱的产品。进了20箱产品后，他就要想方设法把它卖出去，这样代理商相对购买其他品牌产品的资金就少了，因为2个月进货的钱都用来卖统一的产品了，到了第三个月，又出了一个什么活动，几个月下来，客户就形成习惯了。而竞争对手一般发现不了，等发现的时候已经来不及了。

同时，由于国外的很多润滑油产品已经在中国销售了多年，因此价格非常透明，经销商的利润不大。统一石化则会采取"利诱"的方式，让更多的经销商来销售统一石化的产品。如果卖一桶统一石化产品的利润，比卖一箱美孚产品的利润还多，他当然卖统一石化的产品。统一石化在国内市场已经建立起"四最体系"，即最大的销售网、最多的经销商数量、最多的产品、最强的覆盖力。统一石化在全国有2600家一级、二级经销商，连拉萨、喀什都有，产品直接到达县级市场和目标客户。产品网络最大化的发展已经成为统一石化的最大优势。

在许多人看来，统一石化的崛起似乎是在一夜之间，其实远没有这么简单。

刚开始运营时，统一石化想通过加油站销售自己的产品，但是这些加油站卖中石油和中石化的产品，对于名不见经传的"统一石化"丝毫不感兴趣。于是，统一石化又想通过汽车修配厂进行销售，但同样也遇到阻碍。最后，经过协商，修配厂满足统一石化的要求，统一石化则派一名员工到店中帮助销售产品，并保证销售掉该店所进统一货物数量的一半。

就这样，统一石化破天荒地引入了润滑油行业内的第一批营销队伍。这一举措使统一石化打开了销售缺口，同时也获得了同顾客直接接触的机会。掌握到终端客户一手信息的统一石化更容易了解客户需求，并将这些信息用于新品开发。比如，中国车油市场通常生产4升装的机油，当统一石化了解到有些顾客需要3.5升装时，立刻做出反应。黑龙江有时气温达到-40°C，使用传统机油发动机不易启动，统一石化立刻开发5W-30机油，这种机油在-40°C也能表现出良好性能。

第十一节
联想的品牌是如何走向世界的

联想也是只用了短短三五年的时间成为国内首屈一指的著名品牌，并在 30 年内成为一个国际著名品牌，成功收购国际商用机 IBM，超过了惠普，成为 PC 机的"领头羊"，而且进入了世界 500 强。

联想品牌发展大致可以为分三个时期：中科院计算所时期、legend 时期和 lenovo 时期。自 1984 年联想前身中国科学院计算技术研究所新技术发展公司创立以来，联想品牌发展三个阶段的每次更替，都可看作是品牌增值到饱和界点的一次升级。

"计算所"时期：一个国际品牌的诞生。联想在创业初期，在市场竞争的摸爬滚打之中，逐渐萌生了以"联想"作为品牌的想法。1984 年 11 月，柳传志带领 11 名科技人员，以 20 万元的资金创立联想时，那是个坚苦创业时期，以技术服务作为积累资金的主要手段，而公司的名称"联想"则来自其第一个拳头产品"联想式汉字系统"。

创业初期，联想人通过办展会、做平面广告、门牌广告等多种方式对"计算所"品牌进行了塑造，而"诚信"成为当时的联想人所一贯坚持的理念。柳传志常说："用一个好的技术、好的价格、好的销售服务，去争取和赢得一个好的用户市场，这就是我们信誉的全部内容。"1988 年 4 月 16 日，"开创高科技外向型产业动员大会"在人民大会堂召开，选择在人民大会堂召开，表明了联想人树立自己品牌的坚定信心。

"legend 联想"：迅速成长的联想品牌。1988 年 6 月 23 日，中国香港联想开业。为适应当地发展需求，联想第一次采用"legend"作为自己的英文品牌标志，这也是联想海外战略的第一步，也为进一步打开国际市场创造了良好的开端。1989 年 11 月，联想集团公司成立，对于"联想"品牌建设开始初步尝试。联想新品不断推出，市场活动和理念在全国的推广成为联想品牌发展的助推力。

第一台联想自有品牌电脑在 1990 年推出。1992 年"联想 1+1"、"家用电脑"概念的提出，成为中国家用电脑的开始。1994 年 2 月 14 日，联想股票在中国香港上市，同年成立联想微机事业部。1996 年是中国电脑史上的一个里程碑，联想产品连续四次大降价，"万元奔腾"使得联想第一次在中国市场占有率排名第一。

在 1996 年以前洋品牌一统天下的时期，国内电脑品牌步履维艰，联想品牌扛起民族产业大旗，让电脑在中国百姓中普及，通过"联想电脑快车"、"1+1"暑期大培训和普及电脑知识等一系列品牌活动使得"联想"这一品牌知名度在中国迅速提升。联想在 1996 年成为国内 PC 市场第一品牌并保持至今，"legend"的本意"传奇"在联想发展历程中得到了最完美的演绎。

1997 年和 1998 年国外市场的本土化运作使竞争日趋激烈，应用成为阻碍市场发展的瓶颈，联想的品牌承诺使电脑品质与世界同步，并更加易用。在 1997 年与世界同步推出奔腾 II 电脑，1998 年推出"天鹤 天鹭商博士"等面向消费和企业客户的功能、应用电脑。这一时期使得联想品牌知名度进一步提升，并赋予了功能和应用内涵。

随着互联网的推广，联想在 1999 年推出具有"一键上网"功能的第一代因特网电脑"天禧"，这一电脑体现了联想品牌中"容易"的特性，同时联想 PC 荣登亚太 PC 销量榜首。

进入 2001 年，已经在国内 IT 市场占据首席的联想进入了"legend 联想"品牌发展中非常关键的阶段。这时的联想品牌被赋予技术和服务内涵，初步树立高科技的、服务的、国际化的联想品牌形象。

联想换标：取得国际化通行证。2003 年 4 月 28 日，在中关村联想大厦前宽阔的草坪上，在《联想之歌》的旋律声中，联想集团总裁兼 CEO 杨元庆将绘有联想新 logo "lenovo 联想"的旗帜缓缓升起，联想集团全球品牌新标志切换项目正式启动。

杨元庆认为："联想此次切换品牌标志的直接原因是国际化的需要。联想要国际化，首先需要一个可以在世界上畅通无阻的、受人喜爱的英文品牌，但 legend 这个英文名称在国外很多国家已经被注册。所以我们必须未雨绸缪，为未来公司业务拓展做好先行部署。"

实现国际化是一个长远的目标，品牌标志切换仅是联想国际化进程一个不可或缺的步骤。对于一个志存高远，希望能够比肩国际一流企业的中国公司而言，品牌是否能与自身的发展状况相适应，将直接影响目标的实现。崭新的"联想"就这样应时而生。

签约奥运 TOP 赞助商：登上品牌国际化平台。2004 年 3 月 26 日，联想集团与国际奥委会签约，成为"奥林匹克全球合作伙伴"（"TOP"），这是中国企业首次诞生的"奥林匹克全球合作伙伴"。

对参与全球竞争的企业来说，品牌是一个越来越受重视的要素。成功成为"奥运 TOP10"，是"lenovo"发布以来联想品牌战略的进一步延续，成为"lenovo"品牌发展新阶段迈出的飞跃性的一步，也是联想以国际化视野，将自己的品牌个性与奥运精神相契合，进一步将自己的品牌个性在国内、国外市场发扬光大的重要举措，必然对联想未来品牌战略发展起到至关重要的推动作用。

借助 TOP 赞助商计划提供的排他性全球运作平台，联想能够让全球消费者了解联想高质量的产品，了解联想值得信赖的品牌。而通过对奥运会提供产品，联想将在产品运作、技术研发等诸多方面实现与国际先进水平的全面对接，更加切合全球客户的需求，从品牌到品质的相得益彰，联想在五环旗下，在国内和国际两个市场续写新的品牌传奇。

作为奥运会全球 TOP 赞助商，奥运会平台无疑是联想吸引全球关注的重要舞台。2006 年 2 月 26 日，第 20 届冬季奥运会在意大利都灵圆满落下帷幕，联想的奥运工程师在冬奥会的 IT 赛场上全力以赴，精心维护，保障了冬奥会的成功举办。

国际奥委会与都灵奥组委先后致电联想："将评论员系统放置户外，创造了冬奥会史上的第一个奇迹。"联想在都灵冬奥会上赢得了世界的认可，在全世界的范围内打响了联想的品牌。

自签约奥运 TOP 赞助商以来，通过将体育营销作为主线的一系列国际品牌战役，继签约奥运会冠军杨扬、申雪、赵宏博、杜丽后，2006年 4 月 28 日，联想集团正式对外宣布，已经与世界足坛明星罗纳尔迪尼奥签约，罗纳尔迪尼奥将由此成为联想电脑全球品牌形象代言人。

并购 IBMPC：新联想的全球飞跃。联想在国际化的道路上取得了突破性进展——2004 年 12 月 8 日，联想集团正式宣布收购 IBM 全球 PC 业务。2005 年 5 月，联想顺利完成了对 IBM 全球个人电脑业务的收购，作为世界第三大 PC 品牌，国际化的新联想正式扬帆起航了。

联想和 IBM 全球 PC 业务两大巨头强强联合使联想以超过百亿美元的经营规模，跃居全球电脑市场第三的位置，成为率先进入世界 500 强行列的中国高科技企业和制造业企业，大大提高了中国信息产业的国际地位。

并购之后，联想品牌的发展进入了新的阶段。lenovo 与 Think 的强大产品组合让联想的产品范围完全覆盖了从消费到商用、从中小企业到大企业的各类客户群，这也意味着联想品牌在中国和全球市场的影响力均达到了一个空前的水平。作为中国电子行业最为响亮的品牌，在这个全球化浪潮席卷而来的时代，联想正以其强大的品牌魅力，成为中国经济全球化的一个坐标，成为中国企业冲向蓝海的象征。

第十二节
公关营销打响品牌，广告维护品牌

如果新产品上市直接打广告的话，在广告效果这么差的今天，要想广告有好的效果，就要有很大的量，比如花 1 亿元在央视打广告就会有好的效果。但是我们知道，新产品上市需要一个过程，消费者对新产品的认知和接受也需要一个过程，两者决定了销量的提升也是需要过程的，而在这个过程当中，1 亿元的广告费很快花掉了，销量却很有限，销售额可能只有 5000 万元，连广告费都赚不回来，因此第一年是亏损的。

第二年再打 1 亿元的广告，也许销量会提高到 2 亿元，但两年的广告费花了 2 亿元，加上产品成本和运营成本，结果还是亏的。

第三年再打 1 亿元的广告，销量可能会达到 5 亿元，减去广告费用和产品成本及各种运营费用，基本持平吧。但是由于前两年是亏的，算总账还是亏的。

第四年再打 1 亿元的广告，可能会把销量提升到 8 亿元，弥补前三年的亏损之后，这时企业开始略有盈余。

第五年再打 1 亿元的广告，销量超过了 10 亿元，这时企业才能真正赚钱。也就是说，用打广告的方法的话必须要有大资金，连续打 5 年广告，前面 3 年是亏的，后面再把亏损的赚回来。这就是打造品牌需要花大资金、需要花很长的时间、需要先亏损的来历，这种观念有一个错误的前提，那就是假定是用硬广告这种方法来打造品牌。

这种方法只适合跨国公司打品牌，跨国公司到中国做市场，手里握着大把资金，是可以这么做的。但中国的企业以中小企业居多，是不可能这么干的，所以这种方法不适合中国的中小企业。因此，中国企业在打造品牌的时候一定要用公关营销战略，用低成本、低投入、效果好的公关营销来打响品牌，是中国企业的首选。公关营销是打响品牌的，广告是用来维护品牌的。为什么广告是用来维护品牌的呢？因为第一，品牌在打响之后是需要维护的，假如可口可乐3年不打广告，结果会怎么样呢？结果一定是百事可乐成为了第一品牌，如果百事可乐不停止打广告的话。第二，既然公关营销那么好——成本低，效果好，那么品牌打响之后为什么不继续用呢？原因是这时候产品和品牌已经家喻户晓，没有了新意，公关营销也已经黔驴技穷了，不得不用硬广告了。第三，这时候产品在市场上的铺货率、销售额、渠道商、团队建设等都足以支撑打硬广告了，如年销售额超过了10亿元，拿出1亿元来打广告打得起，全国各地都有渠道商和铺货，公司营销团队建设也跟得上，不至于放空炮，打了之后还有钱赚，能够形成良性循环。

用公关营销可以在短时间内打响一个品牌，但是品牌打响之后并不是一劳永逸的，品牌当然需要维护，品牌建设是一个漫长的过程，这个阶段的商家广告投入、企业文化塑造、品牌竞争力分析，都将对品牌的成长起到关键作用，这是指品牌打响之后的维护阶段，而品牌维护的过程其实也是企业持续盈利的过程，却被误认为是打造品牌花大钱而不赚钱的过程需要很长时间。广告投入引导消费者对品牌进行认知，企业文化塑造使得品牌深度得以扩张并趋于人性化，品牌竞争力分析则使品牌的内涵得以转化为营销力，帮助企业达到市场或利润最大化目标。品牌一旦为消费者所广泛称道，就表示该品牌已经具有了一定的忠诚顾客群，品牌有了无形价值。如可口可乐，该公司总裁曾宣称，即使可口可乐在全球的所有工厂在一夜间化为灰烬，只要拥有可口可乐的品牌使用权，就可以在最短的时间内使可口可乐再度辉煌。显然，可口可乐的品牌是一种具有价值的品牌，是可以出让的无形资产。因为品牌建设所具有的成本性，要求企业在进行产品推广时必须要充分考虑对品牌的维护，特别是拥有庞大产品群的品牌，比如，很可能因为一个微波炉的质量缺陷，而引发顾客对其品牌下诸如电视机、电冰箱等全线产品的信任崩溃，造成市场危机。

竞争是残酷的，俗话说"打江山难，守江山更难！"品牌也需要保养，需要经营，需要维护！不得当的品牌维护后果就是"千里之堤，溃于蚁穴！"我们已经非常熟悉这样一些例子：一些著名品牌甚至是百年老字号，由于没有监测市场的变化或者由于突发事件，因而造成品牌价值的损失甚至彻底破坏。如食品品牌中的"冠生园"、三鹿奶粉，保健品品牌中的"三株"、酒类品牌中的"秦池"等。这些都告诉了我们品牌维护的重要性！

第十三节
传播的通俗化法则：传播通俗化可以使传播更能到达消费者

1. 消费者不是广告人，他们不研究广告

通俗化是就传播层面而言的。广告人往往喜欢玩创意，如何如何玄，如何如何让人琢磨不透，才算他高明，殊不知，这种显示高明的方法是要付出沉重的传播代价的。

2. 广告人的所谓创意似乎就是下决心要让人看不懂

消费者不是广告人，除了有特大美女画面，想多看几眼（那也不是为了看你的产品，只是想看美女而已）之外，消费者们对广告通常是避之唯恐不及的，电视观众是见到广告就换频道，平面读者则是对广告一翻而过。在这种情况下，怎么向我们亲爱的消费者传达我们想要传达的信息呢？通俗化是很有效的，如果你尽玩虚的，消费者不知道你的广告在说什么就把你忽略了；如果通俗化一点，则能在最短的时间里让消费者明白你要对他说什么。

3. 傻广告何以成功——芸芸众生俗者多

消费者是芸芸众生，而芸芸众生俗者多。特别是在中国，广大消费者的文化素质和欣赏水平都还比较低，广告做得太"深奥"了，消费者是看不懂的，传播何来之有？

有很多"傻"广告，做得是很成功的。最早的"燕舞"广告做得是很"傻"的，但传播却很成功，至于后来这个企业消失了，那绝不是这个广告惹的祸。后来的哈医药广告、脑白金广告和现在的中脉蜂灵等"傻"广告的效果都不错。

当然，我并不是说广告越傻越好，鼓动大家都来博傻，这只是通俗化的一种举例说明而已。通俗化传播的成功例子还有很多，通俗化传播的方面也很多。

PDA 是专业术语，但"商务通"将其通俗化了，显然商务通要比PDA 更能让消费者明白，传播的成本自然也会更低。"手机、呼机、商务通，成功的足迹，一个都不能少"，更是通俗化的诠释和传播。

美乐通宁是西洋译名，但脑白金却将其通俗化了，"今年过节不收礼，收礼只收脑白金"，则又将其礼品的定位进行了十分通俗化的传播，以致引起我们水平很高的广告人的群起而攻，口诛笔伐。

4. 玩虚的为何有市场——广告公司的必然

为什么通俗化如此重要而有效，但我们的广告人却不愿意通俗化，而不通俗化的广告又还有那么大的市场呢？因为：

第一，大多数广告人没有企业经营的实战经验，因此他们不能设身处地替企业着想，这是他们的"软肋"。

第二，广告人如果不玩出深奥的创意来，就无法显示出自己的专业水准，就不能让企业主听不懂，也就不能把企业主侃晕了，从而不能赚到企业主的钱："这么简单的广告还需要你创意吗？我们自己就会。"于是，你这碗饭就丢了。

第三，好在圈内获奖。有这么多好处，我们的广告人能不去简从繁吗？广告创意越复杂，意味着赚更多的钱，反之则意味着丢饭碗，难怪尽管通俗化的道理如此简单，但玄虚的广告却还很有市场。至于企业因此而受到损失甚至倒掉，也并不影响我们的广告人还把为他们做过的广告当作成功案例向别的企业炫耀！

第七章

做强做大企业的不二法则之四：
傻瓜化法则

第一节
商业模式傻瓜化：复杂的事情简单做

如果赚钱的方法很复杂，只有少数高级人才能够胜任，这样的企业做不大，因为它无法驱动大量的人为你干活，企业成本也会很高，因为高级的人才劳动力成本很高，最后企业不赚钱。既不能在规模上做大，也不能在利润上做大，无论怎样都做不大。

我们常说，一流企业做标准，其实做标准就是傻瓜化，好让傻瓜也能执行。

傻瓜化其实就是简单化，而成功就是简单的事情重复做，如果这件事情很复杂，那就先把它简单化，然后再重复去做，但往往简单的事情没有人肯重复去做，因此，成功只属于少数人。

傻瓜化意味着功能的集中和简化以及造价的低廉。

功能更集中、突出，单价更低廉，这是傻瓜化的主要特征。比如，生产一种万能药或多功能药，既能治感冒，又能治癌症和艾滋病，生产成本必然很高，而传播费用也不菲，因为它需要诉求三种功效，但消费者反而不买你的账，你什么都能治恐怕什么都治不了，而且我得一种病，你有三种功效，我浪费两种，也不合算，所以不如生产专治感冒的药好卖。

傻瓜化一方面是针对产品的技术层面而言的，即将产品的功能和技术设计尽量简单化，简单到甚至连傻瓜都会操作使用的地步。傻瓜化的另一种描述方法是将消费者当作傻瓜，从傻瓜的角度去设计产品，越简单，使用起来越方便越好。傻瓜化不是有意要将消费者当成白痴，更不是污辱消费者，这恰恰反映了替消费者着想，以消费者为导向的现代营销理念。

我们的营销策划应该深入到产品的技术层面，而我们的技术人员也应该具有营销意识，两者都要向傻瓜相机学习。只有简单化才能驱动大批量的廉价劳动力，而社会上大批量的廉价劳动力多，价格也便宜，这样的企业才能规模大，才能有高额的利润。

大凡赚钱的企业都是很简单的，复杂的企业往往不赚钱。正所谓赚钱不累，累了不赚钱。再复杂高精尖的技术，在工厂里都是把它分解成标准化的简单、可操作的各个环节，由一些普通的工人在操作，再高的摩天大楼，一砖一瓦都是建筑工人也就是我们的民工在垒，沃尔玛超市里的售货员，可口可乐的营业员，肯德基、麦当劳的服务员都不是海归博士，都是一些本土化的普通职员。试想，如果每个产品都要由高级工程师亲自生产，每一幢楼都要由高级建筑师一砖一瓦地去垒，沃尔玛、肯德基、麦当劳的每一个营业员都要海归派博士才能胜任，这样的肯德基、麦当劳谁吃得起？沃尔玛超市里的东西谁还买得起？这样的东西、这样的房子谁买得起？企业不倒闭才怪呢！

傻瓜化法则在成功的企业中无处不在。

可口可乐、百事可乐是傻瓜化，它们在全世界到处设厂，用同样的瓶子灌装同样的饮料；在世界各地复制同样的营销模式。

麦当劳、肯德基是傻瓜化，它们将连锁店的经营模式化，然后简单地在世界各地复制，并且将连锁店的经营完全交给了加盟商，而它们则主要经营房地产，并将地产的经营也傻瓜化，制定出一整套商圈研究方法和地段选择标准，在全世界到处"套用"。

还有希尔顿酒店、沃尔玛超市，从电视机上的遥控开关，到全自动洗衣机等。

一个歌星往往将一首歌反复地唱给同样或不同样的人听，上电视，上广播，灌录音带，开演唱会等，不停地重复；一场演唱会开好了，形成模式，进行复制，全球巡回举办，就这样赚钱。

第二节
技术傻瓜化：节省大笔市场推广费用

照相机是一种精密仪器，需要很高的专业水准才能够运用自如、随心所欲，而照相却是一种大众化的需求。面对这种大众需求，是将大众教育成专业的摄影师，以便将更多的照相机卖给大众好呢？还是将这种精密仪器傻瓜化，以适应大众的操作水准，让更多的人来使用好呢？这是两条完全不同的营销路线。显然，我们应该选择技术的傻瓜化，因为市场教育或技术培训需要投入庞大的费用，而技术的傻瓜化则可以节省大笔的市场推广费用。傻瓜相机就是这样做的。

照相机的基本功能是照相，这是老百姓最容易明白的，而对最广大的老百姓来说，他们使用照相机就是为了拍照留念。傻瓜相机就把这一为大众所需要的功能突出出来，而舍弃掉专业摄影所需的技术和设备，这样一来，就大大地降低了相机的成本，使广大消费者买得起。傻瓜化也意味着商品的售价可以更低，功能更集中，以适应消费者的现实购买力。

傻瓜相机是由柯达公司最早研制生产出来的，柯达公司的老板可不是傻瓜。

柯达公司是世界著名的摄影器材业先驱和最大的摄影器材公司，它所生产的照相机、相纸、胶卷及冲印服务等曾一度执世界之牛耳。在众多的摄影器材中，柯达公司的胶卷和相纸最为有名，可以说是真正的傲视群雄。

为了让照相走进千家万户，以扩大胶卷和相纸的销售市场和冲印业务，柯达公司集中力量开发出了一种"全自动"的照相机，其特点是构造简单、使用方便，无须测光对焦等，任何未经专门摄影学习的人都可以使用——只需对准目标按下快门即可，如此简单连傻瓜都会使用，人们干脆称之为傻瓜相机。有人把这种相机的开发成功称为照相机工业上划时代的革命。"只要按下快门，其他的事由我们来做。"这一句广告语把这种全自动照相机的方便好用表达得淋漓尽致，一时间男女老幼都深深地被这种使用起来十分方便的照相机所吸引，纷纷解囊购买。

接着，柯达公司反其道而行之，把这种照相机的售价定得很低，让大多数人都买得起。然后公司又宣布"我们不要独占全自动相机的专利，这种技术我们将向全世界所有的制造商公开，任何厂商都可以从我们公司得到这种生产技术"。

不花钱就能得到最新的相机生产技术，其他厂商自然都欣喜若狂，纷纷生产这种相机，一时间，市场上到处都充斥着傻瓜相机。随着相机的普及，胶卷、相纸和冲印服务等市场也被打开了，柯达以微利销售傻瓜相机，却从胶卷、相纸和冲印服务等方面赚取了更大的利润。

后来柯达已经很少生产这种傻瓜相机，但其胶卷和相纸方面仍稳占世界的鳌头。柯达先前是在做抛砖引玉的工作，后来则是别人抛砖，他在收玉。

今天柯达公司虽然因为定位没有与时俱进（在数码技术下传统的照相机、胶卷、相纸和冲印服务已经不再有巨大的市场需求了，因此原来的定位已经不符合定位的三个基本原则）而倒闭了，但先前它的成功则是傻瓜化的典范，这也从另一方面说明，定位是所有这些法则中的第一法则，正所谓做强做大企业的不二法则排名第一，定位决定成败，定位创造奇迹，定位定天下。

计算机也是一种复杂的工具，但它也越来越朝傻瓜化的道路前进。多年前中山小霸王学习机和四通打字机的成功，则是计算机傻瓜化的成功范例。

在20年前，计算机对大多数中国人来说操作还是太复杂了，价格也不菲，当时的人们购买计算机主要是用来打字的，而其中的大多数还是用来让孩子学打字的。四通公司看到了这一点，它将计算机的功能傻瓜化，将打字功能突出出来，推出了四通打字机，价格自然要比计算机便宜得多，但这已经适应了大多数单位办公室打印文件的需要，借此，四通公司几乎垄断了中国早期的办公自动化市场，四通集团横空出世。傻瓜化造就了四通。

中山小霸王则做得更绝，它在傻瓜化的道路上走得更彻底，它通过将计算机傻瓜化占领了学习机的市场。既然很多人买计算机是为了让孩子学打字，而计算机更新换代的速度又如此之快，谁知道等孩子学会了之后又该是几八六了呢？那我为什么不将计算机傻瓜化，生产专门供学习用的学习机呢？小霸王学习机应运而生。小霸王学习机由于功能简化，操作简单，成本大大降低，单价只需要200~300元，单价只需计算机的十几分之一，自然立即受到了市场的欢迎。中山小霸王集团迅速崛起，掘得了宝贵的第一桶金。

第三节

技术的傻瓜化实质：从说服客户购买转变为让用户加深对产品的体验和感知

移动互联网时代的品牌必须以用户为中心，让用户参与到产品创新和品牌传播的所有环节。"消费者即生产者"，品牌传播就是在用户的良好体验和分享中完成的。尤其是"80后"、"90后"的年轻消费群体，他们更加希望参与到产品的研发和设计环节，希望产品能够体现自己的独特性。作为企业应该把市场关注的重点从产品转向用户，从说服客户购买转变为让用户加深对产品的体验和感知。

在大学 3 年级时，比尔·盖茨离开了哈佛大学并把全部精力投入到他与孩童时代的好友 Paul Allen 在 1975 年创建的微软公司中。在计算机将成为每个家庭、每个办公室中最重要的工具这种信念的引导下，他们开始为计算机开发软件。盖茨的远见卓识以及他对个人计算机的先见之明成为微软和软件产业成功的关键。在盖茨的领导下，微软持续地发展改进软件技术，使软件更加易用，更省钱和更富于乐趣。

有人很可能会把 Windows XP 说成是"专为电脑新手设计的视窗系统"。也有人甚至会把它叫做"傻瓜软件"。准确地说，以前叫 Whistler 的 Windows XP 操作系统软件是为那些害怕接触电脑的人设计的，也是为这些热爱电脑的人设计的。

正如比尔·盖茨所说的那样，Windows XP 是微软自从发布视窗 95 软件以来所推出的意义最为重大的一个操作系统软件。它彻底改变了许多人对电脑的看法，尤其是那些现在还迟迟没有购买电脑的人们。

这套程序比 Office 更易于操作。新操作系统在设计时充分考虑到了共享电脑的安全需要。它内建了极其严格的安全机制，每个用户都可以拥有高度保密的个人特别区域。快速登录特性也使得修改用户信息变得十分快捷、简便。在孩子玩游戏的时候想检查有没有电子邮件吗？把游戏停下来，按快捷键打开邮件软件，检查完了以后，再按快捷键返回游戏重新接着玩。它采用的是 Windows NT/2000 的技术核心，其特点是运行非常可靠、非常稳定。将这样稳定而可靠的技术运用到面对普通电脑用户的操作系统软件当中，是最值得称道的。新操作系统的用户界面设计焕然一新，用户使用起来非常得心应手。Windows XP 的运行速度实在是太快了，尤其是在处理与多媒体应用有关的计算任务时，比如显示电子影集。 Windows XP 的媒体播放器软件经过了彻底的改造，已经与操作系统完全融为一体，就像是 Windows 98 和 IE 浏览器一样。Windows XP 支持遥控！这对广大电脑用户来说，真是一个福音。下次再有人电脑出了问题请你去修，你只要通过局域网或互联网就可以登录到他的电脑上，举手投足之间就把一切搞定了。Windows XP 的用户界面比以往的视窗软件更加友好。微软考虑到了人们在家庭联网和数码多媒体应用等多方面的要求，把各种有关的功能全部集成到了 Windows XP 之中。以前需要专家指点才能完成的工作，现在都已变得非常简单，无论是处理照片、录像还是录制、存储音乐，点点鼠标就行了。

苹果智能手机的成功则是另一个傻瓜化的范例。所谓傻瓜化的客户端就是在确保多元化功能的前提下，将用户操作界面做到最简，不是简单，而是简化。正如乔布斯在苹果手机的设计上总在强调化繁为简极致精华的理念。这一理念贯彻的是一种移动终端的人性化体验，而这样的人性化在桌面终端也同样适用。

"风行亲情版"客户端的界面采用独特设计，界面使用放大字体，排版布局更加清晰简洁，想看什么就点什么，去除一切多余的选项，即便是不熟悉电脑操作的用户也可以很容易找到自己想看的影片。除了操作界面的简化，新客户端的"求片"功能也可以让我们感觉到至繁至简的客户端特色，过去用户想要网罗一些老电影往往会大费周章，对于不熟悉电脑和网络的老年人更是难以实现，而在新客户端上，如果用户想观看的影片风行网没有收录，只需要在"求片"中提交想观看影片的片名和一些简单的影片信息，风行网相关部门便会尽快搜集并以信息告知，满足用户的观片需求。此外，新客户端将清理文件功能转移到后台并自动运行，可以让用户更好地体验风行"边下载边观看"的优势。

苹果热浪正袭，"iPhone 数据恢复零售商版"卷起的另一股热潮，让苹果零售商家眼前一亮，一个全新领域的创意性商机应运而生。iPhone 数据恢复是当下苹果售后服务项目中的一道亮丽风景，其抢救性的数据保护理念、移动式的应急服务体验、强大的数据恢复功能，在苹果零售市场，卷起一股 iPhone 售后服务的个性化新风潮。

"iPhone 数据恢复零售商版"是效率源（全球数据恢复设备研发企业龙头）针对苹果手机零售商量身打造，旨在为广大苹果零售商提供一个更新角度的服务技术，除了可以满足自身办公需求外，更大优势在于可拓宽商品售后服务的厚度和宽度，为消费者提供区别于其他零售商的差异化售后服务，这将最大程度地提高商家的核心竞争力，必能占据更大的苹果零售市场。

引入 iPhone 数据恢复后，苹果零售商能为消费者提供"越狱"iPhone 数据恢复，包括设备存储的已有文件、删除的通话记录、删除的电话簿、删除的短信等，带给消费者空前的震撼新体验。

同时，据苹果零售商体验者介绍，效率源 iPhone 数据恢复零售商版的操作性非常强，与效率源的 Data Compass、Data Copy King 等数据恢复工具及数据销毁工具一样，是"傻瓜化"的智能操作模式，采用全中文可视化菜单界面设计，一键完成，易学易用。也就是说，苹果零售商们不必单独聘请专业的工程师，投资小，见效快。

第四节
样板市场：将营销模式傻瓜化

我们做市场营销的，其实也需要傻瓜化：先做样板市场，然后将成功的模式简单地复制到全国各地乃至世界各地，可以减少企业到处摸索的成本和推广成本。

样板市场策略是先做局部、区域市场，鉴于中国企业打造品牌的实力有限，应该先去做样板市场，从一个小的地方出发来打造品牌，这个地方可以是一个县，在这个县花 50 万元就可以把一个品牌打响。

样板市场是指企业产品销售较好、盈利较高、营销方法具有可复制性的代表性市场。这样的市场一般来说在当地竞争品牌中应该处于前列，市场影响力较大，产品知名度、美誉度较高，经销商能够理解企业经营理念，能够积极配合企业的营销、推广策略。

样板市场打造与推广，可分为选择阶段、打造阶段、模板提炼与试点阶段、推广阶段、复制阶段五个阶段进行推进。

一是选择阶段。此阶段选择要慎重，选择不对，努力白费，选择正确，事半功倍。

选择是样板市场打造的第一步，对后续的工作起着决定性的作用。这个环节主要包括以下三个方面的选择：试点市场的选择、具体操作人员的选择、具体操作方案的选择。选择试点市场须考虑是否具备普遍性和代表性；选择操作人员必须考察其是否具备市场操作能力、总结与提炼能力；选择的具体操作方案，须充分评估其可操作性与可复制性。

二是打造阶段。此阶段遵循谋定而后动的原则，开始行动之前进行缜密策划。

结果是策划出来的，在开始行动之前，须制定详细的操作方案，事先对涉及的方方面面一一进行分析，根据分析结果对各环节进行缜密的策划并制定具体操作方案。样板市场的打造通常需要多个部门参与，在这个过程中，要根据每个人的特长和掌握的资源不同，做好人员分工工作（千斤重担人人挑，人人头上有指标），做到人尽其才，物尽其用。

样板市场在成为样板市场之前是"先驱"，但只有在其未成为"先烈"并最终成为"英雄"的情况下，才能成为"样板市场"。不难看出要从"先驱"变成"英雄"，还有一道"先烈"的鸿沟需要跨越，这个蜕变的过程充满很多无法预知的风险等着第一个吃螃蟹的人。作为打造试点市场的人们当然不太愿意干这种风险我担、利益你享的事情，要想试点市场自愿加入其中，须公司总部给予一定的援助（如费用、人员、方案等），分担其风险，增强其信心，缺少了公司总部的支持，样板市场通常情况下很难有效、快速地建立（除非其市场操作能力很强，可用资源丰富）。

三是模板提炼与试点阶段。此阶段主要是验证模板可复制性，同时修订和完善模板。

通过总结与提炼在样板市场打造过程中的成功经验，同时汲取失败的教训，形成模板（将市场操作流程模块化），再找 1~3 个市场进行试点（具体数量视各公司情况而定），检验我们提炼出来的模板是否找到操作的要领，是否破译了成功的密码，样板市场是否具备可复制性和推广价值。

每个市场的实际情况各有不同，在实际操作过程中要结合当地的实际情况进行相应的调整，切勿生搬硬套。试点结束后，再对试点过程中的每一个环节进行分析、总结并根据试点的结果，对所提炼的模板进行进一步的修订和完善。

四是推广阶段。此阶段要采取整合传播策略，多管齐下，快速推开。

打造样板市场的目的是为了发现并总结成功的规律，让更多的人沿着成功者的脚步走向成功。可以说打造样板市场就是为了推广，如果打造出来的样板市场不进行推广，那就失去了打造样板市场的价值，充其量也只能算是工作中的亮点。样板市场的经验推广方式主要有以下 8 种：研讨会、培训会、活动现场、区域会议、案例剖析、区域经理宣贯、公司内刊+网站论坛+QQ 交流群、组织样板市场参观学习团。8 种方式各有优劣，综合运用效果最佳。

五是复制阶段。此阶段遵循活学活用、因地制宜原则。

复制阶段，也称为全面开花阶段。在经过前面 4 个阶段以后，公司总部基本上掌握了市场操作的规律和操作要点，其余的市场要做的就是按照公司总部提供的模板，借鉴样板市场与试点市场的成功经验，结合所在市场情况因地制宜地开展工作即可，通常情况下都能获得成功。

在五个阶段的操作中，只要方法得当，执行到位，基本上能实现通过打造样板市场以点带面、撬动全局的目的。接下来的工作就是不断地完善、修订模板，创新操作手法，实现持续成功。所以，这就是边赚钱边打造品牌的傻瓜法则。

第八章

做强做大企业的不二法则之五：
系统的谋略和系统的解决方案

策划不只是点子，不只是做广告、做宣传、做包装、做设计、做招商……这些点子式的或局部式的所谓策划其实主要是技术层面上的、制作层面上的，并没有多少谋略的内涵，不是策划的真正定义。策划是一个系统工程，是系统的谋略与系统的解决方案。首先，策划的内涵是谋略，价值是解决方案；其次，策划是系统的和整体的思维方式，而不是孤立的和局部的，因为如果不是从整体或系统的角度思考问题、出谋划策、提出解决方案，任何局部的点再精彩也是没有意义的。

正确的定位帮助我们找到成为第一品牌的捷径，定位决定成败，定位创造奇迹，定位定天下，定位是教你如何做第一的，将这样的定位传播出去就成了第一品牌，但传播需要花钱，做企业的目的是多挣钱少花钱，所以我们先要做基于定位的品牌策划，包括正确的品牌命名，因为一个好的名字是成功的一半，一个坏的名字是失败的一半；包括品牌专有法则，品牌策划需要遵循专有法则，因为品牌延伸常常导致一个企业毁灭；包括品牌聚焦法则，品牌的内涵或概念要简单和单一，一提到品牌，要让消费者立即能想到某一概念。

在品牌传播上要优先使用公关营销，因为公关营销花钱少，见效快，效果好，尤其适合新产品上市和新品牌打造阶段，可以起到四两拨千斤的作用，而品牌打响之后又要继续维护品牌，这时候主要是用硬广告，而无论是用公关营销，还是打硬广告，都要遵循通俗化法则，因为芸芸众生俗者多。

以上是将定位通过传播来打响成为第一品牌的过程，而这一过程是需要有地面团队配合和执行的，否则就会吊于空中，不能落地实施，地面团队的执行落地和公司团队的管理需要傻瓜化，只有傻瓜化才能驱动大量廉价劳动力，企业才能做大。

以上这些都是品牌策划中的关键点，都是有机联系的，而不是孤立的，可见，品牌策划是一个有机的整体，是一个系统的工程。本章将对品牌策划的几大系统作一概括性的介绍。

第一节
中国企业最缺的是策划

很多企业老板和创业者存在这样一个误区：他们认为赚不到钱或企业做不大是因为缺项目、缺资金、缺少好的技术或高质量的产品等。笔者认为，这其实是走入了误区。

因为资金是客观存在的，它不在你的口袋里就在别人的口袋里，或者在银行里，中国股市、楼市这么火爆，证明了社会的闲散资金是很庞大的。资金不是太少了，而是太多了，资金作为资本，追逐利润是它的本性，只要你具备真正能够赚钱的经营系统和经营方略，资金会自动找上门来，大量的风险投资机构都在寻找能够为其赚钱的人和企业。

中国企业也不缺少技术，因为有大量的科研成果被束之高阁，太多的科研成果、技术专利停留在实验室里，没有能够转化为现实生产力。中国企业也不缺乏好的产品、好的项目，现在是一个产品大量同质化的时代，有太多的企业能够生产出好的产品，有大量好的产品根本卖不出去，因为缺少好的营销策划。所以中国企业最缺少的是真正能够懂得企业经营，能够使企业立于不败之地、长盛不衰、持续发展，真正能把企业做强做大的系统解决方案体系和经营谋略。

如果中国企业普遍提高了市场营销策划的内功，就可以与跨国公司在国际国内争夺市场，而中国市场是全球最大的市场，跨国公司在各行各业占领着中国市场。采取贸易保护主义禁止外国产品、品牌和企业进入或将外国企业赶出国门是下策，通过增强本国企业的内力而在公平竞争中缩小外国企业在中国的市场份额，从而扩大内需，是为上策。

策划是一门富有东方谋略特色和智慧的大学问，而如何做好市场营销，其实就是市场营销策划研究的范畴，遗憾的是中国没有哪一所大学是专门教策划的，东方智慧和谋略如何运用于市场经济的商战，尤其是如何运用于市场营销，这门本来具有优势的大学问却被传统的学校教育所忽略，致使中国企业先天不足，普遍缺乏最基本的市场营销策划的基础知识，大量产品和诉求同质化，定位不准，目标消费人群不对位，利益点不够强大而锐利等，大量好产品根本卖不出去。

1. 学会策划，危机中也能创造营销奇迹

一个经典的案例是脑白金和黄金酒。1997 年初，前珠海巨人集团轰然倒下，当年，在笔者的指点下，史玉柱用借来的 50 万元启动脑白金市场，依靠精心而高超的营销策划，在 3 年之后的 2000 年就做到了年销售额逾 10 亿元，创造了中国保健品行业的营销奇迹。笔者曾先后出过两本书：《巨人史玉柱怎样站起来——脑白金的战略与策略》和《成败巨人》，对此案例进行了详细的解剖。在此之后，沿用脑白金的营销策划手法，史玉柱乘胜追击，接连推出黄金搭档和征途网络，截至 2007 年，其身家达到 500 亿元。2008 年，史玉柱又重拳出击，推出黄金酒，3 个月回款 8 亿元！

众所周知，1997~2000 年正值亚洲金融风暴袭击中国、网络泡沫破灭、中国经济正处于低潮，脑白金却创造了奇迹，靠的是高超的营销策划。

2008 年，又是世界性金融危机爆发之际，许多企业因此而破产倒闭，史玉柱又是靠高超的营销策划创造了黄金酒的奇迹。

这本身足以说明，如果懂得营销策划，内需和外需都不是问题，经济危机并不可怕，修炼好内功，学会营销策划，危机中也能创造营销奇迹。

2. 学会策划，可以抢占跨国公司在中国的市场份额

如果中国企业普遍提高了市场营销策划的内功，就可以与跨国公司在国际国内争夺市场。

中国企业市场营销策划的内功得到加强之后，在中国市场上一派欣欣向荣的景象，也有利于形成经济繁荣昌盛的氛围，反过来增强投资者、创业者和民众的信心，使经济真正健康发展。

3. 我国企业普遍缺乏和迫切需要的是策划

策划是一门大学问，这门本来具有优势的大学问却被传统的学校教育所忽略了，致使中国企业先天不足，普遍缺乏最基本的市场营销策划的基础知识，大量产品和诉求同质化，定位不准，目标消费人群不对位，利益点不够强大而锐利等，大量好产品根本卖不出去。比如，"海尔"的品牌早以"家电"的概念深入人心，所以"海尔手机"、"海尔电脑"、"海尔医学"、"海尔旅游"等延伸品牌基本上是以失败告终的，这是因为它违反了品牌专有的法则，造成了海尔数十亿元、数百亿元的损失，机会成本则更大了。又如，"中国联通"自它诞生以来就一直以低价贱卖与"全球通"打价格战，占领低端市场，这是因为"中国联通"在消费者的心目中比"全球通"天生就要矮一截，所以只能卖得更便

宜，即使是质量高于"全球通"的 CDMA 也不例外。这是不懂得品牌命名的四项基本原则而造成的"失误"。其实，当时中国联通的品牌名称完全可以命名为"世界通"之类的名字，这样它就与"全球通"平起平坐，竞争手法也可丰富多彩，不必只走低价贱卖一条路。由于这一品牌命名的"失误"给中国联通造成的损失十多年来累计又何止上百亿元！品牌命名的四项基本原则、品牌专有法则这些都是营销策划中最为基本的常识，海尔、中国联通这样的大型央企尚且如此，何况其他企业？

由此可见，练好了内功，危机中也能创造奇迹。假如中国企业都有这种策划功底的话，即使是在经济危机下产品也照样畅销。

第二节
"何氏营销模式"：用 100 万元达到 1 亿元广告效果

何氏营销模式是针对目前过剩经济时代、过度竞争时代、产品大量同质化时代，广告效果被稀释了一万倍的恶劣营销环境而提出来的创新营销模式，它不是在传统的整合营销的范畴内对广告、公关、促销等细节方面的改进或创意，它是一项营销战略的重大创新，是以四两拨千斤的手法，大幅度提升营销的效果，提升品牌、销量和利润的极好方法。

"何氏营销模式"能够用 100 万元达到 1000 万~1 亿元的广告效果，用 1000 万元达到 1 亿~10 亿元的广告效果。

营销环境发生了天翻地覆的变化。

1. 广告效果已被稀释了一万倍

（1）媒体的数量增加了 10 倍。

今天，中国的营销环境与 20 年前相比，媒体的数量平均增加了 10 倍，20 年前，一个地区往往只有一两种平面媒体，现在则有一二十种。

（2）媒体的版面或频道增加了 10 倍。

媒体的版面或频道平均又扩大了 10 倍，以前，一张报纸四个版，现在则有四十个版，以前一台电视几个频道，现在则有几十个频道。

（3）媒体的价格上涨了 10 倍。

媒体的价格却又平均上涨了 10 倍，同样版面或时段的广告价格不降反涨。

（4）广告的数量又增加了 10 倍。

广告的数量又平均增加了 10 倍，做生意的多了，东西不好卖了，竞争白热化了，结果都挤到了广告这条羊肠小道上来了。

$10 \times 10 \times 10 \times 10 = 10$ 的四次方，广告效果被稀释了一万倍，人们的注意力和眼球被稀释了一万倍，花同样的钱做广告，只能达到 20 年前的万分之一的效果！

2. 今天做广告是在万分之一的效果上做创意

如果我们的企业只在现有平面或影视媒体广告的创意和制作上即在广告策划上下工夫，那么也就只能在既有的万分之一的营销环境上下工夫，广告效果增加一倍，也不过只增加万分之一——由万分之一增加到了万分之二——而已，微不足道，怎么也不可能将广告效果提升一万倍，因为这种策划和创意不可能突破万分之一的营销环境本身。

3. 市场营销的风险是最大的风险

营销环境发生的深刻变化又大大增加了市场营销的风险。广告大师奥格威曾经说过这样一件事，有一位企业家找到他说："我知道我的广告费有一半是浪费的，但不知道浪费的是哪一半。"

殊不知，这些大师的名人名言早已经是老皇历了，现在的市场环境、营销环境、广告环境、传媒环境与大师所言之时早已有了天壤之别，被浪费的市场营销费用、广告费远远超出了大师所言的那个程度，而广告人所做的创意，有时虽然能够减少这种浪费，但仍然不可避免地会有大量的浪费存在，有时则不是浪费得更少，而是浪费得更多。

那么，该怎么办呢？

必须跳出广告创意的狭窄圈子，进行营销创新。

何氏营销模式横空出世。

何氏营销模式是针对目前过剩经济时代、过度竞争时代、产品大量同质化时代，广告效果被稀释了一万倍的恶劣营销环境而提出来的创新营销模式，它不是在传统的整合营销的范畴内对广告、公关、促销等细节方面的改进或创意，它是一项营销战略的重大创新，是以四两拨千斤的手法，大幅度提升营销的效果，提升品牌、销量和利润的极好方法。

第三节
把一个品牌从零做到全国的市场基因图

如何将一个产品或一项服务从零做到全国乃至全世界并且成为行业第一品牌的完整的、系统的方法、步骤和策略体系。

1. 产品及市场调研暨营销诊断

1-1　产品分析

1-1-1　产品形象形态分析

1-1-2　产品渠道及分销体制分析

1-1-3　产品价格体系分析

1-1-4　产品定位分析

1-1-5　产品核心功能分析

1-1-6　产品目标消费群分析

1-2　市场分析

1-2-1　宏观市场环境分析

1-2-2　消费需求分析

1-2-3　竞争品牌分析

1-3　企业诊断分析

1-3-1　企业创始人创业历程分析

1-3-2　企业发展历史、现状与未来发展战略概况

1-3-3　企业在行业中的地位与竞争概况及与竞争者的比较分析

1-3-4　企业营销发展史、销售及盈利情况

产品及市场调研暨营销诊断旨在通过最基本的产品分析，对产品的上述诸方面存在的问题和优势以市场为导向、从消费者的角度进行客观的分析和诊断，以便下一步对其进行准确、精到的定位和改进（如果有的话），或对其进行确认（如果没有的话）。

通过最基本的市场分析，了解竞争品牌的动作和优劣势，做到知己知彼，了解消费者的需求特点和趋势，以便发现尚未满足的需求，把握行业动态，发现市场的蓝海，为下一步的产品定位、市场定位、品牌定位指出方向，提供依据。

2. 产品核心定位与品牌策划

2-1　产品定位

2-1-1　产品核心功能定位

2-1-2　产品目标市场定位

2-1-3　产品目标消费人群定位

2-1-4　产品目标消费人群描述

2-1-5　产品核心价值开发

2-1-6　产品核心功能诉求

2-1-7　产品诉求广告语

2-2　品牌策划

2-2-1　品牌定位

2-2-2　品牌命名

2-2-3 品牌核心价值提炼

2-2-4 品牌文化提炼

2-2-5 品牌标识设计

产品与品牌的定位和策划，是一个产品在市场营销中最核心、最重要的战略问题，接下来的市场营销和一系列方式、方法、手段将依此展开，产品与品牌的定位和策划将决定整个市场营销的成败，如果在这个问题上失之毫厘，将会在营销的结果上差之千里。

产品和品牌的定位与策划，旨在为产品和品牌找寻细分市场中的蓝海，并确立其在细分市场蓝海中第一的定位，以便在接下来的整合营销传播过程中将这一"第一"深深地、牢牢地根植于目标消费者的头脑中。因为"第一"胜过"更好"，有了这样的定位，便可以在接下来的整合营销传播过程中起到以一当十、以四两拨千斤的低成本快速启动市场的作用。

产品与品牌的定位和策划还旨在提炼产品的核心功能和价值，找到目标消费人群的精准定位，并提出针对目标消费人群、利益点足够强大锐利、能够直击目标消费人群心坎的产品卖点、诉求点和广告用语，成为接下来的整合营销传播的基本点，同样可以在接下来的整合营销传播过程中起到低成本快速启动市场的作用。

产品与品牌的定位和策划还旨在根据成功品牌的四项基本原则，进行品牌策划，建立优秀的品牌。

3. 产品营销规划策划

3-1 产品策略

3-1-1 产品名称

3-1-2 产品包装与设计

3-1-3 产品线组合

3-2 价格策略

3-2-1 价格体系

3-2-2 价格政策

3-2-3 价格组合

3-3 渠道策略

3-3-1 渠道设计

3-3-2 渠道组合

3-3-3 渠道创新

3-4 终端策略

3-4-1 终端话术问答

3-4-2 终端VI设计

3-4-3 终端陈列生动化设计

4. 公关营销传播策划

4-1 公关营销策略

4-2 公关营销主题

4-3 公关营销创意

4-4 公关营销之事件营销创意与策划

4-5 事件营销执行计划

4-6 事件营销预算

4-7 公关营销之公关活动创意与策划

4-8 公关活动执行计划

5 款，单页、海报、喷绘、易拉宝、POP 等物料 5 款，产品手册和企业画册各一本）

6-5 电视广告脚本（5 秒、10 秒、15 秒、30 秒各两套）

6-6 电视专题片脚本（5 分钟、10 分钟、15 分钟企业专题片和产品专题片各一套）

6-7 媒介策略计划

7. 促销策划

7-1 促销策略

7-2 促销主题（含阶段性促销规划及主题）

7-3 促销创意

7-4 促销活动设计

7-5 促销时机

7-6 促销区域

7-7 促销执行计划

7-8 促销预算

7-9 促销终端设计

以上内容是在定位基础上展开的一个产品的市场营销过程中必不可少的系统的营销规划，包括产品、价格、渠道、终端，以及在此基础上进一步展开的广告、公关、促销和互联网营销，这是面向消费者展开的营销规划及整合营销传播。至此，推动和拉动消费者购买产品的策略、方法、手段都有了，运用这些策略、方法、手段，市场营销就可以全面展开了。

在目前这种"做广告找死，不做广告等死"的恶劣营销环境下，我们主张优先使用公关营销，特别是针对新产品上市的初期和资金实力并不雄厚的中小企业来说，更应如此，硬广告则应该尽量少用，这是我们本着从客户利益出发，最大限度地为客户省钱和降低风险、提高利润所采取的策划思路。

互联网作为新兴力量和市场，正成为新消费群体的主要信息来源和潮流购物方式，没有企业可以视而不见，尤其是品牌打造，唯有作为第五媒体的互联网才提供了后来者快速赶超前辈的一次巨大的机会。

网络营销方式的目的是增强企业的网络口碑及美誉度，提升企业品牌在目标客户群中的知名度和号召力，从而通过品牌的知名度和美誉度进行企业招商和产品销售。

8. 样板市场上市策划

8-1　营销目标/目的

8-2　营销模式

8-3　整合传播策略与时间进度计划安排

8-4　上市计划与时间进度

8-5　销售方案

8-6　工作小组及岗位职责、工作流程

8-7　队伍建设与人员培训

8-8　市场管理与营销效果评估

8-9　经费预算与损益预估

尽管对营销策略和营销方法、手段作了上述精心的策划，但是，为了减少市场风险和启动资金的投入，以最少的投入创建成功的营销模式，确保成功招商和启动全国市场，还是要先做样板市场上市。

9. 招商策划

9-1　招商主题

9-2　招商方式

9-3　招商渠道

9-4　经销商召集

9-5　招商会创意策划

9-6　招商媒体选择

9-7　招商广告创意及设计

9-8　招商手册策划及设计

9-9　招商专题片脚本

9-10　招商宣传单页策划及设计

9-11　招商会现场布置所需背景板、易拉宝、展示板喷画策划及设计

9-12　招商费用预算

9-13　招商时间进度

9-14　招商小组及岗位职责、工作流程

9-15　经销商政策、规定及条件

9-16　经销商（代理商）合同范本

招商策划是产品从样板市场走向全国市场、建立全国性营销网络的有效手段。

招商策划旨在提供招商方案和招商过程中所需的创意、策划、各种工具和设计。

10. 营销管理策划

10-1 营销管理主要策略

10-2 营销系统的组织架构总论（以市场为导向的营销组织架构）

10-3 营销管理之人力资源系统（招聘、上岗、考核、培训等体系）

10-4 营销管理系统改造的过渡期和理想状态的方案

10-5 营销系统业务流程工作手册

10-6 营销管理制度汇编

10-7 终端管理制度

10-8 营销管理派出机构搭建模式与管理

10-9 业务人员政策及管理

随着样板市场的复制和全国市场的招商展开，营销体系在延伸，营销团队在扩大，如何有效地进行营销管理将提上议事日程。营销管理策划旨在为营销管理提供系统的策划方案。

11. 整合营销培训策划

11-1 营销知识类培训

11-2 营销技能类培训

11-3 日常营销管理培训

11-4 区域经理培训

11-5 其他专项培训

随着营销体系的延伸、营销团队的扩大，来自全国各地的营销人员如何有效凝结成真正的团队，需要进行知识、技能、管理制度、企业文化和团队精神的培训。整合营销培训策划旨在为营销团队培训提供系统的解决方案。